U0596364

海上遗珍

方世忠 主编

蒋　艳 执行主编

衡山路

中华书局

图书在版编目(CIP)数据

海上遗珍:衡山路/方世忠主编;蒋艳执行主编. —北京:中华书局,2018.8(2024.10 重印)
ISBN 978 - 7 - 101 - 13339 - 4

Ⅰ.海…　Ⅱ.①方…②蒋…　Ⅲ.城市道路 – 史料 – 上海
Ⅳ.K925.1

中国版本图书馆 CIP 数据核字(2018)第 147875 号

书　　名	海上遗珍:衡山路
主　　编	方世忠
执行主编	蒋　艳
责任编辑	胡正娟
装帧设计	毛　淳
责任印制	管　斌
出版发行	中华书局
	(北京市丰台区太平桥西里38 号　100073)
	http://www.zhbc.com.cn
	E – mail:zhbc@ zhbc.com.cn
印　　刷	河北新华第一印刷有限责任公司
版　　次	2018 年 8 月第 1 版
	2024 年 10 月第 2 次印刷
规　　格	开本/850 × 1168 毫米　1/32
	印张 9⅛　插页 8　字数 190 千字
印　　数	4001 – 5000 册
国际书号	ISBN 978 – 7 – 101 – 13339 – 4
定　　价	66.00 元

《海上遗珍》丛书编委会

昔日美童公学

今日中国船舶重工（集团）公司第 704 研究所

【衡山路 10 号】

国际礼拜堂（贺平 摄）

【衡山路53号】

国际礼拜堂大厅（贺平 摄）

衡山宾馆（贺平 摄）

【衡山路 534 号】

雪中小红楼（华家顺 摄）

夜幕下的小红楼（陈伟明 摄）

【衡山路 811 号】
百代唱片公司旧址

衡山电影院（贺平 摄）

【衡山路 838 号】

大中华橡胶厂烟囱（贺平 摄）

【衡山路 839 号】

颜料大王周宗良旧居（今上海交响乐博物馆　贺平　摄）

【宝庆路3号】

【宝庆路 21 号】

目 录

总序·方世忠 ／ 1

序·郑时龄 ／ 1

【衡山路 2 号】

　春之声：丁善德旧居·周立民 ／ 1

【衡山路 9 弄 4 号】

　林巧稚旧居：万婴之母的寓所·宋浩杰 ／ 19

【衡山路 10 号】

　法租界贝当路的美童公学和国际礼拜堂·薛理勇 ／ 28

【衡山路 53 号】

　国际礼拜堂：一个新派教会的诞生·李天纲 ／ 40

【衡山路 288 号】

　沙利文公寓·钱宗灏 ／ 48

【衡山路 300 弄】

　"丽波花园"：平凡中透露出的经典·钱宗灏 ／ 53

【衡山路 303 号—307 号】

从"华盛顿"到"西湖"：一座公寓大楼的九十年
斑驳岁月·张　伟 / 58

【衡山路 311 号—331 号】

群贤毕至的集雅公寓·何成钢 / 84

【衡山路 525 号】

凯文公寓往事谈·吴志伟 /114

【衡山路 534 号】

从毕卡第公寓到衡山宾馆·惜　珍 /125

【衡山路 811 号】

满庭芳：百代唱片公司旧址·淳　子 /146

【衡山路 838 号】

上海唯一花园影院：衡山电影院·惜　珍 /158

【衡山路 839 号】

大中华橡胶厂·吴志伟 /177

衡山公园一带的田园风情·惜　珍 /195

衡山路的晚霞：赵清阁、师陀和王元化在吴兴大楼·
周立民 /210

【宝庆路 3 号】

颜料买办周宗良旧居·薛理勇 /245

【宝庆路 9 弄 5 号】

　　荷兰风格的 Town House · 钱宗灏　/253

【宝庆路 10 号甲】

　　奇怪的门牌号 · 钱宗灏　/258

【宝庆路 20 号】

　　上海市轻工业研究所院内的历史建筑 · 钱宗灏　/264

【宝庆路 21 号】

　　历史与现代的对话 · 钱宗灏　/273

总　序

方世忠

　　曾有学者说，在很长时间内，上海文明的最高等级是徐家汇文明。当我们漫步在繁华现代的徐汇，依稀可辨这个中国土地上曾经最具规模的西学文化中心有过的繁荣和沧桑。无论是明末清初的"西学东渐"，还是近代中西文化的交流与交锋，都为徐汇留下了深深的历史烙印。

　　如果历史会说话，她应该会通过建筑来表达；如果城市会打扮，建筑无疑是她别具一格的美丽妆颜。在近代走向辉煌的上海，建筑也如雨后春笋般拔地而起。她们包罗万象、星罗棋布，是中国历史长河中一道亮丽的风景线，而徐汇的近代建筑则是其中浓墨重彩的一笔。

　　这些林荫掩映的建筑画廊中，既有饱经沧桑的黄母祠、徐光启墓等传统历史文化遗产，也有融汇中西的土山湾孤儿院旧址、百代公司旧址等近代海派文化遗迹；既涵盖龙华塔、徐家汇天主堂等宗教文化建筑，也包罗徐家汇观象台、南洋公学（今上海交通大学）等科学文化建筑；既有见证历史变迁的上海特别市政府旧址、中共地下党秘密电台旧址等重要机构旧址，也有记载经济发展的大中华橡胶厂烟囱、上海飞机制造厂修理车间等民族工业遗存；既有爱庐、丁香花园等品类繁多的花园别墅，也有武康大楼、永嘉新村等风格各异的公寓式里弄和花园里弄住宅。巴金、聂耳、赵丹、张乐平、柯灵等一大批文艺名流都曾在此栖身。

建筑是凝固的历史，是一座城市的名片和文化象征。没有了老建筑这一历史的见证、文明的标志，不足以形成绵延不绝的中华文明，也就没有今日博大精深的中华文化。习近平总书记说过，历史文化是城市的灵魂，我们要像爱惜自己的生命一样保护好城市历史文化遗产。深入发掘老建筑的历史文化底蕴，努力展示中华文化的独特魅力，是新时期做好城市历史文化遗产保护的重要内容，也是徐汇区委、区政府义不容辞的历史责任。

为留存这份弥足珍贵的城市记忆，编委会以老马路为依托，对徐汇区域内的历史建筑加以分类、择选，并力邀国内历史学、建筑学、文学、宗教学等领域的专家学者倾情撰稿，挖掘这些老房子背后未经披露的闻人轶事和历史人文价值，汇集成《海上遗珍》系列丛书，以飨读者。

2017 年 3 月

（本文作者方世忠系上海市徐汇区人民政府区长）

序

郑时龄

继《海上遗珍》第一辑《武康路》出版之后，徐汇区文化局又主编了《海上遗珍：衡山路》，书中收录了著名的学者、历史学家和作家关于衡山路和宝庆路上历史文化名人和优秀历史建筑的文章，既有建筑的历史沿革、轶闻趣事，也有对曾经居住在这里的文化名人的回忆，让人们更深切地感受到"上海2035"的愿景："建筑是可以阅读的，街区是适合漫步的，公园是最宜休憩的，市民是尊法诚信文明的，城市始终是有温度的。"

宝庆路辟筑于1902年，全长323米，宽21.1—22.1米，起初以法国远东舰队司令巴爱美（Edouard Pottier，1839—1903）命名为宝建路（Route Pottier），1943年以湖南邵阳旧名宝庆改为今名。衡山路则辟筑于1922年，全长2 046米，宽21—22米。最初以第一次世界大战时期法国陆军总司令、陆军元帅贝当（Philippe Pétain，1856—1951）命名为贝当路（Avenue Petain），1943年以湖南衡山改为今名。宝庆路和衡山路沿路集中了公寓、花园洋房、学校、教堂、商店等，绝大部分都已经列为优秀历史建筑。如果将衡山路和宝庆路所串联的那些历史风貌道路都纳入讨论，那么衡山路和宝庆路的周边地区包容了极为丰富多彩的近代建筑。

百年道路的历史显示了现代城市沧海桑田的变化。在1900年和1914年，法租界两次扩张成功，将今天的肇嘉浜路以北、华山路以东的土地划进了法租界。宝庆路和衡山路就是法租界扩张后辟筑的。当年衡山路辟筑时，按照欧洲城市的规划构图，把徐家汇天主堂的钟塔作为对景和地标，马路两旁种植了尚未成荫的梧桐树。也许当年的规划师已经预想到百年后这条林荫大道梧桐树遮天蔽日的景象了，但万万没有想到今天道路的对景已经不复存在。

衡山路沿途留下了中国建筑师的优秀作品，集雅公寓（1933—1934年）是著名建筑师范文照（1893—1979）的现代风格作品，是小户型的公寓，适合小家庭或单身居住。范文照是上海近代建筑师的代表人物之一，1925年曾获南京中山陵设计竞赛二等奖和1926年广州中山纪念堂设计竞赛三等奖，在上海的代表作有南京大戏院（今上海音乐厅，1930年）和美琪大戏院（1941年）等。王克生（1892—?）设计的衡山路300弄的丽波花园（1932—1933年），有三层砖混结构楼房8幢，拉毛粉刷墙面、白色窗框围墙门头、阳台栏杆花饰表现出装饰艺术风格。华盖建筑师事务所在1936年曾经对宝庆路3号（原德国商人住宅）为屋主周宗良进行过改建设计。邱伯英建筑师在衡山路上曾经设计了15幢现代风格、英国式及西班牙式的公寓和住宅（1933年）。

作为衡山路地标的是英国公和洋行设计的大凯文公寓（1933—1938 年）和瑞士裔法国工程师米吕蒂（René Minutti，1887—?）设计的毕卡第公寓（今衡山宾馆，1934—1935 年），这两幢建筑都是现代建筑的杰作。由义品放款银行开发的华盛顿公寓（今西湖公寓，1930 年）和贝当公寓（今衡山公寓，1931—1932 年）为衡山路增添了装饰艺术派建筑风格的气息。如果说贝当公寓已经算是小型的公寓，占地仅 720 平方米，那么位于衡山路 25 号，占地 180 平方米，仅二层楼的大西公寓（1936 年）就是微型公寓了，英文名称是 Western Apartments，中文名称前却加上了一个"大"字。

作为法租界中的一块飞地，衡山路也是当年美国人的社区。除了福州路上的美国总会（1924—1925 年）之外，衡山路上的国际礼拜堂（又称协和礼拜堂，1924—1925 年）和美童公学（1922 年）也成为美国人社区的核心，代表了当时美国建筑的风格。美童公学由美国建筑师默飞（Henry Killiam Murphy，1877—1954）设计，属于典型的美国乡村学校的风格。默飞在 20 世纪 20 年代初提出了"适应性中国式建筑"和"适应性中国式文艺复兴"的理念，燕京大学、南京金陵大学以及复旦大学的简公堂（1922 年）和相辉堂（1927 年）就是他设计的中国式建筑。

紧邻丽波花园西侧的一座花园洋房是法国建筑工程师赖安（Léonard Veysseyre）在上海的晚期作品，1941 年建成。屋主是法商东方汇理银行大班伦顿，有的文献把这座建筑也称作丽波花园。赖安工程师曾经在徐汇区留下了数量可观的作品。

这两条百年老马路经历了沧海桑田的变化，新建筑不断耸立在两旁，而且愈长愈高。瑞士建筑师博塔（Mario Botta，1943—　）设计的衡山路12号精品酒店（2011年）成为历史环境中插入新建筑的优秀作品；20世纪90年代建造的芝大厦（1996年）、富豪环球东亚酒店（1997年）等，则需要想一想，能不能像书中介绍的建筑那样，在30年后成为优秀历史建筑。

也有一些建筑经过改头换面，已经认不出原来的面貌了。既有改得好的，也有值得商榷的。1953年建造的上海轻工业设计院大楼是上海仅存的这一时期建造的中国传统风格建筑之一。1951—1952年建造的衡山电影院在2009—2010年又整修一新，虽然风格大变，但是也被公众所接受。原来的大中华橡胶厂变成了一大片绿地，公园的构图犹如上海的地图，西南角还保留了旧有的一根烟囱，既留存了历史，又成为地标，此事传为佳话。已知近代上海唯一的一位西班牙建筑师阿韦拉多·乐福德（Abelardo Lafuente，1871—1931）在1921年设计的东平路11号［原罗成飞（Mansión J. Rosenfeld）］宅改作餐厅后，建筑的色彩完全变样。

因为本书的作者并非都是严格意义上的建筑历史学家，行文以可读性为主，所以本书并非建筑史，尽管如此，书中的各篇文章仍然具有重要的文献意义。

2018年5月1日

（本文作者郑时龄系同济大学教授，博士生导师，中国科学院院士）

春之声：丁善德旧居

周立民

一

又一个春天，《春之旅》的旋律在室内回荡，室外是花的旋律，五彩缤纷的色彩的旋律。这是丁善德第一部正式出版的作品，创作于1945年抗日战争的最后关头，乐曲中充满着对春天的渴望。音乐声中，我想起春节前和文化局的小张第一次去衡山路2号丁善德先生旧寓时的情景。那天，从地铁站出来，漫天狂舞的雪花不期而至，衡山路上的车和人都慢了下来，小心翼翼地，大家把天地间的大舞台交给雪。

穿过东平路，挂着"上海中国青年旅行社"招牌的就是丁善德的旧寓。冬日的树，枝条像画家简练的笔意，雪花又增加了动感。丁善德一家住过的是这里的一号楼，从1961年4月到1987年5月，二十六个春秋，在时代的风云变幻中，他们的人生故事也生动、曲折。

他的老学生王晡多年后依旧忘不了到这里来请丁善德上课的事。1967年秋天，总算可以"复课闹革命"，上海音乐学院作曲系的学生很兴奋，但是，那个特殊的时代背景里有胆量又肯为他们讲课的老师并不多，丁善德这位被打倒的上海音乐学院副院长却是其中一位。王晡说，不久前，他们还喊着"打倒丁善德"，批斗过他，一个同学还要用篮球砸他的头，而且凭丁善德的资历和地位，以前从不会给低年级学生上配器课的，所以，他们走进这幢小楼时，心里很没底。"他知道我的来意后，非常痛快，甚至是出乎我意料地、似乎有些高兴地答应了。因此，一走出衡山路他家门，我就兴奋得不得了，尤其是前面请别的老师时碰过些钉子，这种感觉就更鲜明。"那天，丁善德还认真地对他们说："我需要一些时间准备，再开始上课。"

在那样的"革命"年代里，居然出现了这样难得的一幕：

> 我们的课都是在 202 上的，这是一间大约有近七八十平方米的大教室，平时全系的大会，包括"批斗"过他的会也都是在这里开的，现在经过打扫作为教室用。我们搬来了讲桌，从斜对面我的琴房拿来了热水瓶和杯子，倒上了茶水（那时用的茶叶都是大约 0.95 元一两的茉莉花茶）放上讲桌，同学们按两长排桌椅坐好非常认真地听和记录。请丁院长上的是"管弦乐配器法"课。上第一次课是在 1972 年 3 月 7 日下午，直到这年的 9 月结束。丁院长的讲稿是写在四孔活页纸和笔记本上的，密密麻麻，字也写得很小。每次上课，我们都那么恭恭敬敬，都有一种近乎神圣的感觉，这肯定是

因为他的大师功底，他讲的都是天经地义的规范；是因为他的极端认真，丝毫没有面对这些低年级生时的马虎；也是因为那种氛围，汾阳路20号满院子仍然还是铺天盖地的"红海洋"，这里却有一块"非人间"的绿洲；还有就是那种被圣洁的人格力量所感召的精神状态。（王晡：《丁院长"文革"中的配器课》，《人民音乐》2002年第4期）

丁善德一生有无数头衔：上海音乐学院教授、作曲系主任、常务副院长，上海音乐出版社总编辑兼社长，中国音乐家协会副主席，上海音乐家协会副主席，还有一些钢琴比赛的评委等。在中国现代音乐史上，他也创造了不少"第一"：第一个在中国举办钢琴独奏音乐会（1935年）；创作了第一首中国钢琴组曲《春之旅》（1945年）、中国第一首无标题钢琴奏鸣曲《E大调钢琴奏鸣曲》（1946年）、第一首以中国人民革命斗争胜利为题材的交响乐《新中国交响组曲》（1949年）、第一首以中国民歌为主题的《中国民歌主题变奏曲》（1948年）、第一首以新中国儿童幸福生活为题材的儿童钢琴组曲《快乐的节日》（1953年）、第一首用托卡塔体裁写成的钢琴曲《喜报》（1958年）、第一首反映上海历史沧桑的合唱《黄浦江颂》（1959年）、第一部以红军长征为题材的交响乐《长征》（1962年）；撰写第一篇探讨民族和声问题的学术论文《关于中国风味曲调及民谣的和声配置问题》（1951年）；在中国率先运用中西比较方法研究肖邦，发表论文《中国为什么能接受和理解肖邦音乐》

（1960年）。他还改编了很多我们熟悉的歌曲：《太阳出来喜洋洋》《可爱的一朵玫瑰花》《玛依拉》……（参见王安潮：《学苑英华 音苑大师——为丁善德诞辰九十五周年逝世十周年而作》，《人民音乐》2006年第3期）有人称他是"中国钢琴音乐的开拓者、奠基者"，也有人称他为"一代宗师"，这都是当之无愧的，可以说，中国现代音乐有了丁善德，才显示出它的高度。然而，在众多头衔和身份中，我认为音乐老师、音乐事业的推动者这个身份不容忽视。丁善德教书育人，发现良才、培养英才的成就有口皆碑。作为上海音乐学院的主持者、众多重要音乐活动的组织者，他为推动音乐事业发展所作出的贡献，随着时间的推移，越能看得清晰。而他的人格风范更是春风化雨，滋润大地。

他的同事桑桐说："但丁善德先生为之贡献毕生心血和精力者，则为音乐教育，其音乐生涯即从音乐教学工作（1931年）始，至1995年去世时止，六十五年之音乐生涯，始终以音乐教育为主线。他既直接从事教学工作，数十年来，桃李盈门，人才辈出，成果丰硕，饮誉教坛，成为驰名国内外之资深教授；又长期从事于音乐教育之领导、组织和管理工作。1949年9月回国重返母校任教后，先为作曲系主任，后任我院副院长，一直主管教学业务、艺术实践和外事工作。他以充沛的精力、高超的才能，全身心地投入于领导教学之任务，切实努力于提高教学质量，强化教学组织，完善教学管理，开展艺术实践，促进教材建设和选拔优秀人才。以后在改革开放时期，虽历经风霜而老当益壮，积极投身于上海音乐学院之振兴发展，制订新的教学方案和教学计划，要求师生认真教学，刻苦训练，攀登艺术高峰。……终其一生，未尝有一刻脱离音乐教育岗位，作为我国音乐界卓越之音乐教育家，诚当之无愧也！"（《纪念丁善德先生九十诞辰》，丁东诺主编《丁善德百年诞辰纪念集》，上海音乐出版社，2011年，第258页）

谈到在音乐组织和领导方面的工作，必须要提到"上海之春"国际音乐节，这是中国历史上最悠久的音乐节，它的创设和最初的组织，丁善德都发挥了举足轻重的作用：

> 从20世纪50年代的最后两年，到60年代的最初几年，是丁善德先生最为闪光的时期。这段时间他担任上海音乐界的实际领导，这时他与孟波实际领导着上海音乐界，也不断推出了影响上海乃至全国的举措。1959年举行了"上海音乐舞蹈会演"，由他和孟波指导的小提琴协奏曲《梁山伯与祝英台》在会演中大获成功。就在此时他提出在上海每年春天举行"上海之春"，获得孟波的大力支持，并立即付诸实行，为1960年的第一届"上海之春"作准备。这是一个功德无量的决定。自此以后每年一届的"上海之春"，为繁荣上海的音乐做出了巨大贡献，一直延续至今。就在60年代最初几年，每年春天五月份，丁先生和孟波以及他们率领的节目审查组，辗转各个剧场去听审节目，为"上海之春"挑选节目。正是由于他们的辛劳，才保证了节目的质量，从而保证了"上海之春"的成功。如果我们把《梁祝》协奏曲算在内，这期间出现的好作品是令人鼓

舞的。我只粗算了一下，以后产生重大影响的如《红旗颂》、舞剧《白毛女》，也包括《长征交响曲》，其余大型作品很难记全。朱践耳在留苏期间用毛泽东诗词创作的交响合唱《英雄的诗篇》、瞿维留苏期间创作的交响诗《人民英雄纪念碑》也是在此期间推出的。除此之外，每年"上海之春"推出的作品，几乎每个艺术团体都有，如上海音乐学院的《"八一"交响诗》、上海合唱团的《安源风暴》大合唱、上海民族乐团的《东海渔歌》，当然也包括我的《金湖大合唱》，如此等等，不一而足。其中还产生了例如顾冠仁的笛子独奏曲《京调》、王昌元的古筝曲《战台风》、为毛泽东诗词谱曲的评弹独唱《蝶恋花》等脍炙人口的作品。（张敦智：《我的主课老师丁善德教授》，《丁善德百年诞辰纪念集》，第 246 页）

创作，教学，各种社会活动，站在衡山路 2 号的小楼前，我仿佛能看到那些年，丁善德进进出出风尘仆仆的身影。像"上海之春"这样的活动，我们至今仍享受着它的雨露，丁善德的努力和付出就像春之声，唤醒了大地的勃勃生机，又像一缕春风，默默融合在天地间，而我们却看不见它的身影。

二

据说，上海音乐学院全体师生员工都知道这样一个秘诀："有事找丁院长就一定得到解决。"（谭抒真：《盛名永存》，《丁善德百年诞辰纪念集》，第256页）一句普通的话，道出的是人们对丁善德的信赖；也能够看出，这位杰出的作曲家，不仅业务能力精湛，而且在行政事务方面也很擅长。谁都知道，行政事务是要为大家付出的，是要投入个人的精力、消耗心力的，很多人不屑为之，而丁善德肯为之付出，那是因为他有一颗"大心"。他的心中不仅有自己的音乐梦想，还有一代人的追求——音乐百花园的大事业。于是，很多故事里，别人解决不了的问题，丁善德才可以迎刃而解。

上海音乐学院音乐研究所研究员范额伦，曾留学美国，获得康奈尔大学博士学位。他对摩拉维亚小提琴家、作曲家H. W. 恩斯特的研究非常深入，在弦乐研究史上占有一席之地。他的这些成就的取得，与丁善德带给他的最初的机会大有关系。1979年报考上海音乐学院时，他父亲1955年遭遇的冤案还没有平反，他的年龄也超过规定年龄半岁。"多亏了当时主持音乐学院日常工作的丁善德副院长，他在获悉此种情况后觉得可以让我先报名试一试，让我参加考试，考下来看成绩如何再说。对我来说这真是天大的喜讯，不然真是还没开始就结束了。"考试过后，希望仍然渺茫，他得到通知：不管成绩如何，都不在录取之列。"丁院长在知道了这种情况后询问了详情，方知问题还是出在政审上，负责政审的同志认为我父亲问题严重，属直系反革命，这种情况当然根本不可录取，因此虽然录取工作已经结束，录取考生名单业已上报，但我的报考材料卷宗还塞在抽屉里。最幸运的是这事发生在 1979 年，'四人帮'已被打倒，当时的院党委在得知这种情况后指出：政策已经不同，党的政策在这个问题上应该得到落实。尽管如此，还是有人反对，因为材料已由市里上报国家计委，而通常已上报国家计委的材料是不再作更改的，我之所以最终还是进了音乐学院，那就真是多亏了丁院长在关键时刻的力争了。那年暑假丁院长有外事活动要出访罗马尼亚，途经北京时他亲自去了高教部，虽然按当时一般的做法，音乐学院的院长不能直接面见部长，但经过安排后，丁院长还是直接见到了当时负责主管全国研究生工作的副部长黄辛白同志，并当面详细地说明了情况。黄辛白同志在了解情况后当即表示可以用破格的方法进行录取，而且随后不久就会同文化部负责全国艺术教育的有关负责同志一起签署了破格录取的有关文件，因此最终我还是得以入学。"（范颖伦：《难忘的 1979》，《丁善德百年诞辰纪念集》，第 250 页）倘若，当年他被拒之门外，很难想象他以后会不会走上音乐之路，丁善德给他的是改变人生之路的机会。

作曲家王西麟创作的交响乐《云南音诗》，在 1981 年全国举行的首届交响乐作品评奖中深获好评，在最后一次评审会上，根据得分，它排第一名。此时，却有评委提出：作者因为打人被关押过七天，不能得奖。关键时刻，丁善德站出来讲话了，他的道理很简单："纠纷归纠纷，评奖归评奖，硬碰硬啊！"（王西麟：《纪念丁善德先生逝世十周年》，《丁善德百年诞辰纪念集》，第 277 页）丁善德爱才，他不愿意让年轻人失去机会，在这之中，还有他一贯的坚持：艺术标准不应当为其他标准所干扰。这是一个音乐家的良知，用这样的良知去教学、去办音乐学院，他为这所学校留下的精神遗产是沉甸甸的。

丁善德为闻名海内外的小提琴曲《梁祝》创作背后的付出更是乐坛佳话。这首小提琴曲的创作成功，作者之一的何占豪曾经说过三个"归功于"："《梁祝》的成功，很大部分应归功于刘品、孟波等当年的领导与策划；归功于以丁善德、赵志华为代表的老师们的指导；更要归功于以丁芷诺、俞丽拿为代表的当年小提琴民族化实验小组的同学们，正是他们在上世纪五十年代为小提琴民族化的雄心壮志和团队精神，催生了《梁祝》的诞生。"（转引自黄旭东：《艺术明珠〈梁祝〉创作过程真相——协奏曲创作的参与者与知情者访谈实录》，《音乐爱好者》2008 年第 12 期）丁善德是怎样指导创作的呢？他首先为何占豪找到一位坚实的合作者陈钢，忙于准备来年毕业作品的陈钢最初不想参加，是丁善德表示可以用《梁祝》代替毕业作品，才打消了他的顾虑。接下来，丁善德可以说是手把手地教他：

> 从此以后，陈钢、何占豪每个星期都到我父亲那里上课，每一次都是先由何占豪写出一段旋律，陈钢给配一段伴奏，我父亲则一次一次审读、修改，并与他们一起商量。当时商量最多的是，怎么才能让大型乐曲通过故事情节和曲式结构的统一达到艺术上的完美结合。过去的小提琴协奏曲都是有不同情绪的三个乐章，而这个作品根据故事情节与思想情绪的变化发展，认为好像用单乐章比较合适；这一点我父亲也作了肯定。他认为乐

曲可以采用奏鸣曲式，但以单乐章的形式来写为好。这个问题就由我父亲拍板定了下来。在最后部分民间故事里讲的梁祝，是化成为一对蝴蝶。他们在要不要写"化蝶"的问题上又产生了困惑，主要是害怕有人会说这是封建迷信而加以反对、否定，所以没有写。但孟波在审听第一稿时发现没有"化蝶"，于是建议一定要补写。还有就是这个协奏曲是否要有标题。因西方的作曲家对协奏曲之类几乎没有安上标题的。他们把犹豫的理由告诉我父亲后，父亲说："为什么一定要跟外国人完全一样？内容既然表现的是'梁山伯与祝英台'，就取这个名字有啥不妥？西方有罗密欧与朱丽叶，我们有梁山伯与祝英台，不是很好吗？我们要向外国学习，但不要盲目崇洋，完全照搬。"（丁善德之女丁芷诺接受采访所谈，黄旭东：《艺术明珠〈梁祝〉创作过程真相——协奏曲创作的参与者与知情者访谈实录》）

这也恰如当年的老师刘品所言："'梁祝'题材的确定、'化蝶'一段的加写，都是孟波的意见；要不是在丁善德教授悉心指导下分工（一个写旋律，一个写配器）合作，'梁祝'是创作不出来的。……丁善德、孟波都是'梁祝'之所以能成为艺术精品的关键性人士。"（同上）

创作《梁祝》时，丁善德的家在高安路 23 号，之后，他便搬到了衡山路。有学生回忆到这里上课的情景："我每个星期三上午大约九点钟去先生家上课。那时先生住在衡山路 2 号底楼。尽管先生很忙，这半天时间总是花在了我身上。""丁先生的书房很简单,里面放了一架钢琴、一张小写字台、几把椅子、一个沙发。记得每次上课进入房间,在钢琴上、书桌上、椅子上,到处可见先生写的乐谱手稿,先生告诉我:他正忙着写《长征交响曲》。"(张敦智:《我的主课老师丁善德教授》,《丁善德百年诞辰纪念集》,第 244 页)这简短的文字给我们留下关于丁善德寓所的珍贵素描,丁善德指导学生,自己也从未放下创作,他是以自己的艺术才华、不懈的追求和人格魅力征服学生的。

三

我很想在如今的衡山路 2 号找到一点丁善德的旧迹,然而几乎是空手而归。房子的外形虽在,但是颜色与我以前见过的照片上的大不一样。照片上房子的窗户是红颜色,墙壁上爬满了青藤。印象很深的还有一张,是丁先生在葡萄藤下莳弄葡萄的情景。另外一张,是他正在快乐地逗鸟。他养着鸟——这是一个富有生活情趣的音乐家。照片中,他的钢琴旁不仅有曲谱、书刊,还总是有花瓶,里面都插着花。1987年,丁善德一家搬出这里后,青年旅行社搬了进来,后来他们又加盖了现在的二号楼。我奇怪院子里的三号楼是谁家,青年旅行社的一位老领导告诉我,原来是墙外的另一家,后来墙拆掉才合为一个院子。没有比照和知情人的介绍,很难知道丁家住在这里的时候,这三层楼是怎么布局的,我见过的一个材料上是这么写的:

丁善德在衡山路 2 号寓所（1980 年春节）

新中国成立、从法国留学归来后，他先是居住在高安路23号，与另外两位教授合住。60年代搬至衡山路2号，这是一处临街的房子，每当公共汽车经过时，房屋亦会随之发生震动，每日里吵闹声和噪音不绝于耳，他的夫人身体不好，常为此休息不好，但是他从没有动过向组织提出调换房子的念头。"文革"中被迫让出住房，并且还要让出中间的房间，致使一个家庭的住房被分隔为东西两个部分。在如此逆境中，仍保持乐观之心态，戏称自家的住房变成了"东巴基斯坦"和"西巴基斯坦"。今天听来是苦中带酸，逆中寻乐，这正映照出丁善德先生的处世哲学和坚韧性格：处之绰然，不以为意。（钱亦平：《丁善德先生的人格魅力》，《音乐艺术》2005年第4期）

　　衡山路上的房子，今天很令人羡慕，想不到当年，它曾深深烦扰过丁家人。丁善德有权改变别人的命运，然而，他却不愿意为自家谋私利。他的女儿丁东诺谈道："我父亲从不谋私利，不搞帮派，不偏不倚，廉洁奉公。正因为这样，我家兄弟姐妹五人，除了丁芷诺之外，全被分配到外地。按理说，父亲长期担任上音行政副院长，他完全可以找熟人托关系，安排好子女的工作，可他从不求人为己谋利，他没有为子女做过任何一件事。"（转引自施雪钧：《斯人已去，风范永存——一代宗师丁善德的人品、艺品与作品》，《音乐爱好者》2012年第1期）丁东诺是上海音乐学院钢琴系的高材生，毕业后却被分配到北京一个没有钢琴弹的单位工作，最后只能在中央音乐学院、解放军艺术学院兼课教钢琴；她的小妹在复旦大学生物系毕业后，在郊区一所中学里教化学，多年后，凭借自己的实力，考取联合国计划生育委员会；她的两个弟弟都曾到农村插队落户，其中一个留在安徽。

丁善德和夫人庞景瑛在衡山路 2 号寓所（1978 年）

回忆文章中很少写到丁善德的夫人，我在照片里，看到过两个人相依相伴的身影，也了解到她对丁善德的爱护和支持。丁善德在回顾自己的音乐人生时，两个关键时刻都提到其夫人：

> 1941 年，为了更有系统地学习作曲理论技术，我向一位德国籍犹太教师弗兰克尔学习作曲。他是奥地利著名作曲家勋伯格的学生，有较高的作曲理论修养。

1940 年，他被希特勒赶出德国来到上海。这位私人教师所收学费非常昂贵，而当时我已结婚有了孩子。但我爱人庞景瑛非常支持我，极力赞成我把主要精力移到音乐创作方面去。因此她想方设法克服困难，作出安排，从各方面为我重新学习创造条件。从此，我每周向弗兰克尔老师学习一次，一直持续了 5 年。为了学得更扎实一点，我从和声开始重新学习。白天，我仍担任教学工作，每周要教钢琴学生四十多位，因此，整个白天就被教学工作占据了。到了晚上，就是我学习创作的天地了，我如饥似渴地学着。老师教得很好，因此在短短几年内，我学完了全部的作曲课程——和声、单对位、复对位、配器、曲式学、作曲。以后我陆续写一些小作品，真正开始了我的创作生涯。（丁善德：《创作回忆》，《丁善德全集》第 7 卷，上海音乐出版社，2011 年，第 200 页）

1946 年间，我赴南京参加了公费和自费留学生的考试。当时我在国立音乐院担任教授，每周到南京任课一次：周末乘夜车赴宁，星期日上课，上完课再连夜赶回上海。在考试的时候，我演奏了自己写的作品。这年年底，我接到通知说考取了自费留学生，如果愿意去，即可办理申请护照手续。我觉得自己学得还不够，想辞去南京的职务，出国留学，于是又与爱人商量。当时我们已有 4 个孩子，经济比较拮据，但是爱人又极力支持我出国继续学习。于是，我们变卖了钢琴，退掉了市区的房子，全家搬到江湾岳父家。经过半年多各方面的准备以后，我于 1947 年秋天离开祖国，踏上了赴欧洲的旅途。（丁善德：《创作回忆》，《丁善德全集》第 7 卷，第 201 页）

这两次学习使丁善德实现从钢琴演奏到音乐作曲的转变，特别是后一次，到法国后，他跟齐尔品、奥班、加隆、布朗热、奥涅格等名家学习作曲，眼界大开，创作水平有质的飞跃。他刻苦学习，在巴黎两年便拿下对位、作曲、赋格三张文凭，奠定了一生的音乐之路。而妻子，独自带着孩子，且甘愿回到娘家过着艰苦的生活，在时局最为动荡的年份里给了他一个稳固的后方，可谓居功至伟。

上海音乐学院的同学都说，丁善德没有架子。很多照片上，这位老人都在开怀大笑，这并非就是说他是个老好人，恰恰相反，他讲起原则来是寸步不让的。1979—1980 年间，学校评定职称，一位声乐系的老师遇到丁善德说："丁院长您不公正，偏心作曲系。"丁善德面带笑容，态度却极其严肃地对这位老师说："人家一本一本摆在那里，我看得见，你呢！连一张音乐会节目单都拿不出来，叫我怎么评你啊。"（施咏康：《忆我的恩师丁善德先生》，《丁善德百年诞辰纪念集》，第 227 页）最后，这位老师也无话可说。他不是以势压人，而是以理服人。他曾为很多有才华的学生提供机会，大开绿灯，破格录取，然而在某些方面又没有一丝含糊，比如他曾经说过："你可以在外地当教授，但不一定能在这里够教授资格。""职称评审，最主要是坚持标准，宁缺毋滥，更不能凭人情行事。我们不能降低标准。"（王西麟：《纪念丁善德先生逝世十周年》，《丁善德百年诞辰纪念集》，第 277 页）在他的心里，艺术的标准什么时候都是不能打折扣的。

在各种风潮面前，保持本性，坚持自我，追求真理，这是丁善德的风骨：

1983 年，我在上海音乐学院学报《音乐艺术》上发表了一篇介绍外国新音乐的文章，不料此文刊出后竟引出了一场轩然大波。一时间，山雨欲来风满楼。不久，改版前的《人民音乐》编辑部以及我国为数不少的著名音乐理论家、作曲家、音乐社会活动家，都以政治上的优势居高临下地在音乐刊物上对我进行了指责和批判。有的说我"对西方现代派作了全面的吹捧"，有的说我"背离了党的文艺路线，掀起了阶级斗争的新动向"，"不走我们自己的路子"，使我五雷轰顶，不可终日。其实，我真的不知道我们音乐的路子起于何处，指向何方。我只知道，在文艺问题上，我们实行的是"双百"方针。

一日，丁院长见我茫茫然如惊弓之鸟，遂对我说："你用不着怕，我看过你的文章，我没有看出里面有什么'阶级斗争的新动向'，如果他们抓住你不放，我会讲话。"

我们非亲非故，在那个年代，有人为我仗义执言，使我没齿难忘。（茅于润：《良师益友丁善德和我交往中的二三事》，《丁善德百年诞辰纪念集》，第 216 页）

"我会讲话"，这是挺身而出仗义执言的道义；"没齿难忘"，这是由心而生多么重的字眼啊。

走出衡山路2号这个小院，本来我有些失望，然而，阅读这些资料时，它不但让我感动，而且引人深思。一个人的故居可以建筑在地面上，也可以建筑在人们的心上，建筑在彼此流传的情感和敬佩中，丁善德属于后者。有令人"没齿难忘"的情谊，再大的风雪，他的故居都巍然屹立。

林巧稚旧居：万婴之母的寓所

宋浩杰

衡山路9弄4号曾经是林巧稚和其侄儿林嘉通一家在上海的旧居。旧居建于1923年，为近代独立式花园洋房，四层砖木结构，机平瓦，人字坡顶，底层为基座层，安排有车库、厨房、保姆房间等服务设施，顶层为阁楼，阁楼中间高有两米多，也可住人。主立面面向西南，外墙采用水泥拉毛涂抹工艺，一、二层之间是一道立砖圈梁分割，上部楼层外墙采用清水红砖跳丁砌法，平券窗楣，素色水泥窗台，上下拉抬式木窗，局部墙面设计为外凸结构，东西两侧二、三层间原建有腰檐，后被拆除，仅余留东南角局部。建筑整体外观简洁，内部布局实用，装饰用材精良，主要房间现都保存较好。底层房间独立进出，二楼及二楼以上房间则是通过朝北的大台阶直接进入，进入二楼右手边有转弯楼梯，从转弯楼梯可进入三楼和四楼。花园部分除西北部尚存有部分花草外，东南部分均铺上水泥。

林巧稚（1901—1983），福建厦门鼓浪屿人。著名医学家，中国妇产科学的主要开拓者之一。1959年，她由国务

林巧稚旧居

院任命为中国医学科学院副院长，中国科学院首届当选的唯一女学部委员。曾任国务院科学规划委员会医学组成员，中央技术管理局发明审查委员会委员，中华医学会副会长、中华医学会妇产学会主任委员和中华妇产科杂志社总编辑，卫生部教材编审委员、考试委员会委员、医疗事故鉴定委员会委员以及中国人民保卫儿童全国委员会委员等职。

由作家张清平撰写的《万婴之母：林巧稚传》，封面设计除采用红色的宋体"林巧稚传"以外，右上角为非常醒目的手写体"万婴之母"，宣传语有："中国妇产科学的主要开拓者、奠基人之一；终身未婚的'生命天使'，妇女和婴儿的守护神。""她用无私的爱托起生命的太阳……""落入人间的'东方圣母'。""东西方文化交融陶冶出的杰出女性。"评价确实很多，也不可谓不高，但都是恰如其分的。

林巧稚的祖辈是厦门郊外的农民，父亲林良英尚未成年便跟随祖父远赴新加坡。在新加坡，祖父外出做苦工挣钱供养儿子，林良英在当地进了英国人开办的教会学堂学习。后来，祖父病死客乡，林良英只能孤单一人卷起铺盖回到故乡。婚后在鼓浪屿定居下来，靠教书和翻译维持生计。1901年12月23日黄昏，林巧稚出生，当时正值清朝末年，清王朝摇摇欲坠，政府接连割地赔款，赋税成倍增加，经济凋敝，人民生活在苦难之中。

林巧稚是父母最小的女儿。兄妹4人：大姐款稚，大巧稚17岁；大哥振明，大巧稚13岁；父母还领养了亲戚家的一个孤女，大巧稚9岁。母亲生巧稚的时候，已患病在身，在巧稚5岁那年，母亲因患宫颈癌去世。

林巧稚
(1901—1983)

也是 5 岁那年，林巧稚进了英国传教士伟艾利夫人的幼稚园。到了该上小学的年龄，她又上了建于 1900 年的岛上唯一的一所厦门女子师范学校。说是师范，但学校却包含了小学、初中和高中三个学段。因为学校学风良好，不仅本岛居民，甚至远至漳州、泉州的许多人家也都把自己的女儿送到这里读书。到了毕业时，林巧稚的数学、历史、地理、生物、读经、作文、书法、修身等十二门课程，其中九门名列年级第一。在师范临近毕业那年，因为主管学校教务的卡琳老师的推荐，林巧稚接到学校邀请，在学校兼职，开始时在教务处帮忙，做一些教务上的杂事。半年后，她以优异的成绩毕业，并被学校续聘，担任学校初中年级的英语教师。

其间，卡琳老师去厦门，在和朋友的交谈中得知，北京协和医学院正在准备招生，全国一共招25人，7月份考试，考场设在上海和北京两个地方。卡琳返回学校后告诉林巧稚："密斯林，这是洛克菲勒基金在中国办的学校，你报考这所学校很合适。"她对卡琳老师说了心里话，她说自己很想去报考，只是不知道自己行不行。大哥振明知道后告诉林巧稚说："无论如何，有这个机会，就应该去试试，别的事等考过试后再讲。"父亲在和卡琳老师谈过话也说："不为良相，但为良医，能够学医是好事情。"

在卡琳小姐的帮助下，林巧稚住进了上海基督教青年会馆。考试为期3天，考场安排在上海的教会学校。

林巧稚刚开始还有点紧张，到后面越来越有信心。外语考试分口试和笔试两场。口试主要是考学生的听说能力，评分标准具体而详细，有语音、语调、语速、反应、口齿、礼貌、悟性等十项。一场一场考过来，最后一场是英文笔试。试题没有想象中的那么难，但是题量很大，只有对英语相当熟悉，还必须手不释笔，才能在规定时间完成全部试题。各位考生正在紧张答题过程中，突然，考场后面有乱纷纷的声音，监考老师疾步向后面走去。林巧稚无暇旁顾，她还有一篇英语作文没有完成，需要专心致志、全力以赴去完成。这时，喧哗声大了起来。林巧稚抬起头看看外面，原来是一位考生中暑被抬出了考场。因为是女同学，监考老师询问考场中的考生怎样联系她的家人。林巧稚认识中暑的女同学，她们同住在基督教青年会馆。

林巧稚没有多想，放下试卷就跑了过去。那位姑娘被抬到了休息室，她双目紧闭，脸涨得紫红，却没怎么出汗。她忙让围在一起的人散开，解开姑娘旗袍的领口，拧一条湿毛巾搭在她的额头上，喂她喝水，让她吃下几粒人丹，小心地为她扇着风。渐渐地，姑娘终于呻吟一声，沉沉地喘了一口长气，额上、颈间沁出了大粒的汗珠。这时，已到了考试收卷的时间。

考试结束后，林巧稚回到了鼓浪屿，她把当时情况如实地告知了家人，最有把握考好的英语因为急救他人而没有做完试题。这次全国报考协和的总共有 500 多人，录取名额却只有 25 人，林巧稚感觉落选确定无疑。父亲和大哥都安慰她，赞扬了她的行为。没想到一个月后，林巧稚收到了协和的录取通知书。

1929 年，林巧稚北京协和医学院毕业并获医学博士学位，是学院首届"文海"奖学金唯一获得者。毕业后，林巧稚被聘为协和医院妇产科大夫，为该院第一位毕业留院的中国女医生。

由于工作业绩突出，1932 年，林巧稚被医院派往英国伦敦大学医学院和曼彻斯特大学医学院进修深造；1933 年，被派到奥地利维也纳进行医学考察；1939 年，赴美国芝加哥大学医学院进修。

1941 年，日本对美国太平洋珍珠港舰队进行突然袭击，美国遭受重创，随即对日宣战，太平洋战争爆发。这一年，协和医院被日军占领。协和的同事纷纷寻找出路。林巧稚和侄女婿周华康商定在东堂子胡同 10 号自己开办诊所，门口牌子上刻着：医学博士 林巧稚医师 妇产科。

一天，黄昏时分下起了沥沥细雨。病人比平时少些，诊所也早一点关门了。林巧稚和周华康整理完一天的病历，正准备回屋休息，突然听到大门外急促的拍门声。门外站着个浑身淋得透湿的汉子，他从永定门外赶来，说是"家里的"快不行了，生孩子难产，两天一夜还生不下来，请的接生婆没有办法，悄没声地跑了。后来听人说起林大夫，就找到了这里。林巧稚详细询问了产妇的情况，没有多耽搁，拿起出诊包就走。雨夜里不好走，等她跟着汉子赶到永定门外，已近半夜时分。林巧稚迅速为产妇做了检查，腹中胎儿横位，产妇的宫口已经开全，胎心音听上去有些微弱。长时间的挣扎，女人已没有了气力。这一时刻，世界在林巧稚面前消失了，她的眼前只有这个奄奄一息的难产女人。她让产妇的家人烧了热水，自己为产妇洗了脸，又为她擦洗干净下身，撤去脏污的草木灰袋，在坚硬的炕上铺了条干净的旧被单。然后，她一条腿抵住炕沿，一条腿跪在炕上，轻缓而毫不迟疑地一下下正着胎位，时时小声地安慰着女人。此时，她的心里已想好了几套施救方案，这荒郊野外，她必须做好各种准备。一次次地细致引导，一次次地倾听胎音。间歇中，她喂产妇喝下了大半碗棒子面粥，得到照顾和安慰的产妇渐渐恢复了一些力气，慢慢地，胎头进入了产道，林巧稚熟练地用产钳接出了婴儿，她倒提着脸色发紫的婴儿轻轻拍打，婴儿哭出了声音。临走时，林巧稚看着这个一贫如洗的家，打开了自己的出诊包，拿出几张钞票放在炕头，对汉子说："她太辛苦了，等她缓过来，你给她做点好吃的补一补。"

20世纪五六十年代林巧稚曾寓居在衡山路9弄4号，林巧稚的侄儿林嘉通一家五口也住在此，侄媳戴克范，还有林风、林晨、林蔼三个孩子。1961 年，林巧稚作为全国人大代表赴福建考察后途经上海，在衡山路住了几日，看到林嘉通病容满面，十分忧心，返回北京后，写信给林嘉通，请他赴北京协和医院检查治疗。这半年来，林嘉通身体虚弱得厉害，腹痛、低烧，却查不出原因，到北京后，在林巧稚的安排下，住进了协和医院。检查结果出来，林嘉通患了肝癌，并且已经到了晚期。肝癌导致的剧痛非一般常人所能忍受，眼见林嘉通的身体在一天天地衰弱，林巧稚心如刀绞又束手无策。林嘉通轻轻告诉林巧稚："我想回上海，趁还能走动。"他又说："从哪里来，到哪里去。我内心平安，三姑别难过。"林巧稚忍着心痛，答应了他的请求，林嘉通回到了上海。过了一段时间，林巧稚实在放心不下，请假去上海看望林嘉通。

林巧稚从上海返回北京没多久，就接到了林嘉通去世的消息，她立即又乘飞机赶到上海。按照林嘉通的遗愿，葬礼在衡山路上的国际礼拜堂举行。

一年后，林巧稚在给侄媳戴克范的信中说："我已经老了，近来身体又很不好，时常感冒，咳嗽得很厉害，睡眠和饮食也不好，脉搏跳动已降到每分钟 46 次以下。虽然每天照样上班，可是心里总悬念着你们，一闭上眼睛，去年伤心的景象又出现在眼前。嘉通的死，对我精神上的打击实在是太沉重了。"

1983 年 4 月 22 日，林巧稚血压骤然下降，呼吸停止，心脏不再跳动，终年 82 岁。按照其生前留下的遗嘱，她的骨灰被撒入厦门鼓浪屿的大海中。

林巧稚离开这个世界后，厦门鼓浪屿为她修建了占地4 759平方米的典雅园林"毓园"，园中还新建了林巧稚纪念馆。

2015年12月31日，林巧稚故居被上海市徐汇区文化局公布为徐汇区文物保护点。

法租界贝当路的美童公学和国际礼拜堂

薛理勇

衡山路是上海 64 条风貌保护道路之一，也是上海高档住宅区，沿街两侧集中了许多公寓建筑、花园洋房。衡山路 10 号，现在是中国船舶重工（集团）公司第 704 研究所，如果打开 1947 年出版的《上海商业行号名录》，这里标注的是 "Shanghai American School"，也就是 "上海美国人学校"（俗称 "美童公学"）。这是一所什么学校，有什么有趣的故事？我们得先从上海美租界的历史说起。

上海美租界

19 世纪中叶，美国是资本主义国家的后起之秀，国家实力列于英、法等发达国家之后，当时，美国的对外政策提倡 "利益均沾"，意思就是，像美国这样的欠发达资本主义国家也应该享有发达国家在殖民地的利益，这个政策后来发展成为 "门户开放" 政策。

继中英《南京条约》之后，1844 年 7 月 3 日，中美在

美童公学旧址（今中国船舶重工（集团）公司第 704 研究所）

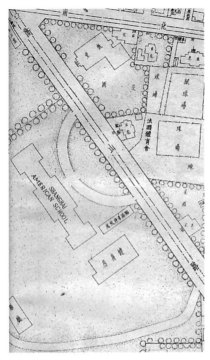

1947 年地图
衡山路 10 号是 Shanghai American School，
对面 75 号是美国人学校教师宿舍。

澳门的望厦村签订《望厦条约》，中美正式建立邦交关系。
8 月，美国政府任命费信登（Henry Fessenden）为驻上海
第一任领事，不知什么原因，这位领事并没有到任，于
是，1846 年夏，美国重新任命已经在上海的旗昌洋行大班
吴利国（Henry G. Wolcott）为驻上海领事，这是世界外交
上常有的事。吴利国作为商人而被自己的国家任命为外交

官，十分兴奋，于是就把领事馆设在旗昌洋行在外滩（今福州路外滩）的院子里，并定制了一面美国星条旗，高高升起，迎风飘扬，好不得意。在英租界内升美国国旗，此事立即遭到盛气凌人的英国人的反对、抗议。他们声称：上海英租界是英国的领地，这里除了英国国旗外，不许升任何其他国家的旗帜。此事还得到上海道台的默认，并同意把它写进《上海租地章程》。在自己的领事馆不能升自己国家的国旗，这位从来没有处理过外交事务的美国领事，被英国人弄得手足无措，又无可奈何。美国政府的外交政策提倡"利益均沾"，这下不仅没有"占便宜"，反而吃了哑巴亏，有口难言。该事件在上海近代史中称为"升旗事件"。

1848年，吴利国指使美国基督教圣公会传教士文惠廉（Willian Jones Boone）向上海道申请，意欲像英国人那样，在上海设立美国人居留地。上海道认为，在"升旗事件"中，美国人吃了亏，就口头答应，把吴淞江（苏州河）北岸虹口三里之地作为美国人居留地，就是后来的"美租界"或"虹口美租界"。几年后，美国领事馆在苏州河北岸的美租界建立，美国的星条旗在上海美租界升起来了。［1863年，上海的英、美租界正式合并，称"上海英美租界"（Shanghai Foreign Settlement），就是后来的公共租界。上海是唯一曾经有过美租界的城市，中国的任何通商口岸都没有美租界。］当然，早期的美国侨民绝大部分居住在苏州河北岸的虹口美租界。

上海的美国人

上海开埠后，侨民人数长期占城市人口的3%以下。据1948年上海市文献委员会编印的《上海人口志略》统计，1895年，上海公共租界侨民人数为4 684人，法租界侨民人数为430人，合计5 114人（1895年，上海两租界的总人口为297 847人，侨民人口仅占约1.72%）。有统计，19世纪后期，上海美国侨民人数在侨民人数中排名第四，据此估计，19世纪末20世纪初，上海美国侨民人数在700—800人之间。租界时期，侨民之间会以国别、宗教、教派形成许多团体，团体与团体之间壁垒分明，互不往来。侨民子弟人数不多，于是，在上海的教会、租界工部局等机构创办了不少的华人学校，但没有侨民子弟学校。一直到1886年，英国规矩会才在上海英租界北京路创办了一所上海规矩会学校（The Shanghai Masonic School）。这是一所不分国别、性别和教派的侨民子弟小学，可能由于经费不足，这所学校于1889年移交给工部局，改称The Shanghai Public School，上海人称之为"西童学校"，不久就迁虹口文监师路（今塘沽路）建设新校址。按西方国家习惯，男女应该分校上课，20世纪后，随着侨民人数的增加，侨民子弟的学龄儿童数量上升，于是，工部局在虹口创办男校，开始男女分校上课，上海人分别称之为"西童男校"、"西童女校"，仍然是不分国别和教派的学校。20世纪后，部分国家在上海创办只招收自己国家侨民子弟的学校，如英国的Cathedral School for

Boys（无中文名称，可以译为"圣三一男校"，校址在今九江路219号）、Cathedral School for Girls（无中文名称，可以译为"圣三一女校"，校址在今华山路，即今上海儿童艺术剧场）；德国也在虹口黄浦路德国领事馆对面创办"德国子弟学校"；日本人的子弟学校就更多了。

美童公学

20世纪后，上海美国侨民人数上升加快，为了解决侨民子弟上学困难，1911年，上海的美国商会、美国协会出面，联合美国基督教公谊会、长老会、圣公会、监理会、复临安息日会等8个教会，组织成立Shanghai American School，没有中文名称，上海人称之为"美国人学校"（即美童公学），是一所不分男女、教派的美国人子弟学校。学校实行董事会制度，董事由美国商会、美国协会和8个基督教会代表组成。据说，学校的初创经费大部分来自美国政府从清政府那里获得的"庚子赔款"，日常经费则来自美国本土和在华侨民的捐款。学校实行美国的教育课程，设小学和中学，使学生毕业后可以直接进入美国的同等学校。实际上，当时在上海的美国侨民子弟的学龄儿童的总数有限，再分成不同的年级，每个班级的人数更少，所以，学校也酌情招收其他英语系国家的侨民子弟。据1922年版《上海指南》记载："美国中小学，在北四川路48号。""北四川路"就是现在的四川北路，这里是"美租界"，是美国人居住最集中的地区，美国人学校设在虹口是理所当然的。不过，20世纪20

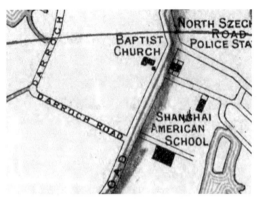

1918 年地图
纵路是北四川路，横路是窦乐安路 Darroch Road，即
现在的多伦路。早期的上海美国人学校就在这里。

年代，上海的门牌号与现在的不一致，无法确定当时的"北
四川路 48 号"是现在的什么地方。好在笔者找到一张 1918
年上海字林洋行出版的 *Map of Shanghai*，在现在的四川北路
多伦路口，即四川北路 1822—1920 号的位置，清清楚楚地
标着"SHANGHAI AMERICAN SCHOOL"，这里后来被新沙
逊洋行建设为狄思威公寓和余庆坊里弄住宅。

　　在 19 世纪末以前，上海公共租界和法租界的西界，均
在现在的西藏中路和西藏南路。1899 年，公共租界扩张成
功，租界的西界伸到了静安寺。1900 年和 1914 年，法租界
两次扩张成功，今肇嘉浜路以南、华山路以东的土地划进了
法租界。租界的市政建设较快，没过几年，沪西就成了新的
市区，成为上海中高档住宅区，沪东的侨民或富裕的华人陆
续向沪西搬迁，租界相应的城市配套设施也相继从沪东向沪

西转移，许多美国人迁到了沪西，美童公学也应该向沪西搬迁了。

1914 年，第一次世界大战爆发，美国远离欧洲战场，成为欧洲战场军火及战争物资和生活物资的"供应商"。战争使美国发了大财，美国跻身世界强国之列，上海的美国侨民也与日俱增。虽然上海的虹口是美租界，但是许多富裕的美国人相继迁居到沪西的"上只角"。由于美国人分散居住，上海的美国侨民没有形成自己的"社区"，许多美国人混迹于英国人之中，包括美国人在内的许多外国人嘲笑上海的美国人是"假英国佬"或"半吊子英国人"，这使有志的美国人感到懊恼。1921 年，美国亚洲协会上海分会表示，上海的美国人应该把"上海变成一个真正生活的地方"，而不是一个"生存的地方"，应该在合适的地方建立一个美国人的"社区"，使美国人摆脱"半吊子英国人"的窘境。在亚洲协会上海分会的主持和帮助下，美国人学校决定与其他的美国机构和美国侨民迁居到沪西法租界（现在衡山路 303 号的西湖公寓原来的名称叫做"华盛顿公寓"，321 号的"集雅公寓"的英文名称是"Georgia Apartments"，规范的译名应该是"佐治亚公寓"，是以美国佐治亚州命名的。这些公寓都是美国房地产商投资建设，住户以美国侨民为主），建立并形成一个真正的美国人"社区"。

衡山路旧名贝当路，筑于 1922 年，以第一次世界大战时期法国陆军总司令、陆军元帅贝当（Philippe Pétain）的名字命名。美国人学校抢先购进沿贝当路的土地 56 余亩（实际面积 37 210 平方米），建设新校址，由美国著名建筑师亨利·默飞（Henry Killam Murphy）设计。默飞，1899 年毕业于美国耶鲁大学，1908 年与人合作创办 Murphy & Dana 建筑设计事务所，1914 年来中国，主持燕京大学（今北京大学前身）的总体改造规划，并参加设计燕京大学办公楼、民主楼、图书馆、外文楼大礼堂、学生食堂，清华大学大礼堂、图书馆，南京金陵女子大学主楼，上海沪江大学总体规划和部分校舍设计，上海复旦大学简公堂，以及岭南大学部分建筑的设计。现在的一些中国近代建筑史研究者以为，是默飞把西方大学校园设计的"Campus"理念带进了中国，就是校园不宜过分强调对称式布局，而"不对称"更有利于与自然环境协调，有利于校园空间的扩张、延伸，给学生以更多的自由空间和遐想；在建筑上，部分选用中国元素融合于校园建筑。有人认为，默飞是中国近代出现的近代建筑"中国化"、"本土化"的倡导者、引路人，此说有失偏颇，也不符合历史事实。20 世纪后，在如上海、南京等一些大城市出现了西方建筑"中国化"的倾向，尤其是西方的宗教建筑和教会学校建筑出现了明显的"中国化"趋势，其主要原因是 20 世纪初许多在华的基督教会力图摆脱他们母国教会的干涉，掀起了一股基督教的"本色化运动"（indigenous movement or naturalization of Christianity in China），也就是中国基督教本土化运动，首先表现在西方宗教建筑的"本土化"、"中国化"，不过，默飞对中国近代校园及学校建筑的发展是有着深刻的影响和作用的。

贝当路美童公学建于 1922 年，主建筑，也就是教学楼，假三层砖木石混合结构，以中间的大门为中轴线，中轴线上

法国总司令、陆军元帅贝当

美国著名建筑师亨利·默飞

建有尖顶塔楼，站在衡山路上直接可以看到高耸的尖顶；两翼对称，清水红砖外墙，檐口和窗架部分用白色石材，红白相间，建筑色彩艳丽、明快；坡顶平缓，出檐不远，合理配置屋顶窗（即俗所谓"老虎窗"）。

学校对面的贝当路 75 号是"American School Hostel"，就是"美童公学宿舍"，而实际居住者是美童公学的校长 Henry H. Welles，所以，这幢所谓的"宿舍"是校长住宅。其北侧相邻的贝当路 53 号就是现在人们所谓的"国际礼拜堂"，它原来的英文名叫做 Community Church，中文名"美国社交会堂"。关于它的历史或者故事更是众说纷纭，似乎均与事实相去甚远。众所周知，世界的基督教按教派、国别区分，同一个教派的信徒，不会去同一个教派但不是同一个国家的教堂做礼拜；同样，即使是同一个国家的人，也不会去不是自己教派的教堂做礼拜。举例说明：英国圣公会的信徒不会去美国圣公会的教堂做礼拜；美国圣公会信徒也不会到美国监理会教堂做礼拜。初步统计，近代进入上海的美国基督教教会约有 8 个教派，还有一些为这 8 个教派以外的信徒。有的教会在上海建有教堂，如圣公会的救主堂，监理会的摩尔堂、景林堂，北长老会的怀恩堂、清心堂，复临安息日会的沪北堂等，有的教会在上海没有教堂。美童公学就是在上海的多个基督教教派联合体为了避免宗派分歧而创办的美国人子弟学校。于是，约 1917 年，上海的美国基督教徒成立了一个不分教派的美国人唱诗班（活动场所在杜美路，今东湖路），英文名称就是 Community Church，中文名称"协和堂"或"国际礼拜堂"。美童公学建成后，没有教堂，于是由美国教会的联合体在学校的对面建设"国际礼拜堂"，实际上是美国基督教的"联合教堂"，是一个不分教派的美国基督教教堂。

国际礼拜堂建于1925年，许多人以为是匈牙利籍建筑师邬达克的作品。上海市城市建设档案馆2016年6月《上海城建档案·专刊》中说：

> 国际礼拜堂于1925年3月8日揭幕，占地7 330多平方米，建筑面积1 372平方米，礼堂可容纳700余人。教堂由布雷克设计，江裕记营造厂承建，内部为全木结构，室内设备齐全，建造时就装有暖气设备。

《专刊》没有标出英文。不过，我见到过一份原始的资料，国际礼拜堂的建筑师是 J. H. Black，译名"布雷克"不错，但是，承建商的英文名为"Whay Ching Kee"，好像怎么念也无法与"江裕记"联系起来，不知道哪里出了差错。另外，教堂的屋顶承包商是 Paul I. Fagan & Co.，即美商美和洋行。

国际礼拜堂的建筑平面呈曲尺形，假三层砖木石混合结构，主立面朝西面临贝当路，人字形的陡坡覆盖教堂，在上海众多的教堂建筑中别出心裁，与众不同。

国际礼拜堂：一个新派教会的诞生

李天纲

　　开埠以后的一百多年里，"通商"和"传教"并举，"十里洋场"的上海建造了许许多多基督宗教的教堂。教堂塔楼矗立，十字架高耸，彩色玻璃闪耀，使得许多地段的天际线看起来和欧美大都市无异。这里讲的"基督宗教"，包括了天主教、东正教和基督教三大教派。比如说：徐家汇哥特式大教堂属于天主教，襄阳路洋葱顶教堂属于东正教。基督教，上海和江苏、浙江本地民间都称之为"耶稣教"，至今还有老人这样称呼，其实就是一般人们比较熟悉的"新教"（Protestantism），是英国、美国人的主流宗教。在上海市区，基督教的教堂数量肯定是最多的，因为基督教内部的教派非常多，有伦敦会、内地会、圣公会、监理会、循道会、长老会、浸会、浸礼会、路德宗、加尔文宗，还有各个国家如中国、英国、美国、德国的分别。每个教派都建立一座自己的教堂，基督教的教堂就非常可观了。据《上海宗教志》的统计，按 1958 年已经大为收缩以后的数字，上海的基督教堂还有 208 处。上海的教堂真不少，经过大规模归并之后，上海基督教消除所有宗派的分别，集中到大型教堂，举行统一礼拜。如此一来，还是保留了23座较大规模的教堂。这样高密度的教堂分布，即使在欧美原本就信仰基督宗教的各大城市中都很突出。

1955年4月，中央政府要求所有基督教教派（Denomination）都合并起来，建立一个"基督教三自爱国运动委员会"。于是，各宗派消除自己的教义、神学和礼仪的特征，统一在一起，不分轩轾，共同礼拜，这种形式称为"跨宗派"（Cross Denomination）、"宗派间"（Inter-Denomination），或者"无宗派"（Non-Denomination）。教派与教派之间，或保存差异，或搁置争议，在一起共同礼拜，这是一种新派的宗教方式，直到今天世界各国的基督教会还在努力推行。上海是时尚之都，在许多方面开风气之先。即使在宗教信仰上，上海也一直走在全国的前列，甚至还能引领世界潮流。笔者发现，早在1925年，上海已经出现了一座跨宗派的大教堂，这里率先打破宗派界限，用"四海之内皆兄弟"的口号聚在一起。只要是基督徒，不分国籍，不论宗派，都可以融合到这座教堂里来做礼拜，这就是位于衡山路53号的国际礼拜堂。国际礼拜堂是上海、中国乃至世界上"跨教派"联合礼拜的先驱。

从市中心的淮海路（旧称霞飞路）一路南下，转弯进入衡山路（旧称贝当路）林荫大道，国际礼拜堂就出现在左前方。这是一整片不大不小、简洁朴素却不失庄重的现代建筑群，配之以精美宽敞的大草坪，顿时令人耳目一新。这样的建筑群，在美国新英格兰地区的乡间及城镇比比皆是，

昔日国际礼拜堂
（贺平 提供）

今日国际礼拜堂
（贺平 摄）

但在上海乃至整个中国却不多见。没错，国际礼拜堂的建造风格和礼仪特征，确实和美国侨民有关系。1917 年 3 月 25 日，一些爱好咏唱的美国籍基督徒在沪西法租界杜美路（今东湖路）租用了一间房子，改建为小教堂（chapel），举行音乐礼拜。随后，他们邀请周围邻居中的基督徒参加，不划分华洋，不区别教派，就近在自己居住的社区共同祷告。因为以社区为中心，且不分教派、国籍，就谦称其为"Community Church"（美国社交会堂）。"Shanghai Community Church"翻译成中文的时候含义稍有变化，称为"协和堂"，意思是"协和万邦"，天下一家。大堂建造以后，中文译名改为"国际礼拜堂"。

20 世纪 20 年代，是上海城市建设的"黄金时代"。随着西区市政的迅速发展，法租界大量建造大楼、公寓、新村、别墅，迁入这里的居民越来越多。各教派教徒回到自己在外滩、虹口、闸北、南市等地的老堂口很不方便，于是纷纷加入这座教堂。这座小教堂发展得非常快，空间马上不够用了。1920 年 9 月，小教堂管理委员会决定兴建自己的大教堂，以容纳更多信徒。1923 年，协和堂管理委员会正式开始募捐。教堂捐款过程相当容易，仍然是美国籍信徒最为踊跃。1925 年 3 月 8 日举行落成仪式，筹款、设计、施工，只花了短短两年，一座美轮美奂的大教堂就出现在西区近郊。建堂经费总共耗费了 7 万美元，大部分从美国公司、机构和侨民中募集得到。开堂以后，参与礼拜的信徒大多数是美国国籍，教堂内外流行美式英语，外界俗称为"美国礼拜堂"。其实这座教堂并不设限制，任何教派、任何国籍都能够参加。按教堂的规定，进教堂礼拜需要满足三个条件：基督徒；有其他教堂的介绍信；接受联合一体、不分宗派的原则。不久，就有居住在附近的欧洲籍侨民和本地华人信徒加入其中。以后，这座崭新教堂的新派礼拜方式声名远扬，不少信徒在礼拜天从其他社区赶来参加，成为名副其实的"国际礼拜堂"。

国际礼拜堂由上海西侨建筑师布雷克事务所设计。教堂砖木结构，红砖立面，剪刀形木构大屋架，支撑起陡峭屋面。屋面铺设石板瓦，一眼望去，和一般的青、红砖瓦的普通住宅明显不同，很容易区分开来。华人营造商江裕记承建国际礼拜堂。江裕记建造过外滩德国总会、德华银行、公济医院等大型建筑，建造质量非常高，如今近百年过后，依然不显颓败。从教堂规模来讲，国际礼拜堂单体并不算高大，一座 L 形的整体，侧屋是三层楼的附楼，作牧师办公、开设幼儿园，以及主日学校之用。附楼的三楼，还设了一间小教堂，供个人、家庭和小团体成员使用。教堂屋顶最高处 16 米，建筑面积 1 772 平方米。由于不设大型祭坛，代之以一架精致的管风琴，空出的场地约可以容纳 700 人。有的资料说，国际礼拜堂属于哥特式风格，但是只有入口处的拱门和外墙正立面窗户用了尖锥形的石砌券门修饰，看上去有些哥特式元素；通观教堂建筑整体，还是新英格兰式的乡村风格。

上海的基督教教堂风格不同，各有千秋。1866 年英国圣公会在英租界江西路、九江路建造的圣三一教堂，红砖结构，巍峨雄伟，是一座比较完整的仿哥特式教堂，和纽约、芝加哥、旧金山同时期建造的教堂相比较，一点也不逊色。1874年美国监理会在英租界西藏路、汉口路建造的沐恩堂（原名慕尔堂）也是一座红砖建筑，还有单座的钟楼，成为城市地标。这两座教堂在市区中心地段建造，有象征和纪念意义，因此都采取了庄严肃穆的风格，是比较典型的仿哥特式建筑。国际礼拜堂不同，它处在半郊区，起源于基层的"社区教堂"，因此采取亲切近人的风格，教堂内的装饰气氛更是融合、随意，不压抑，充满人文主义。十分简洁的祭坛下有400平方米的场地，可以演唱、开派对、跳圆舞。这种风格非常合适20世纪流行的"世俗"、"现代"的神学理念，信徒们果然都很喜欢。有一个细节值得注意，它表明国际礼拜堂的气氛确实很生活化。1922年，美国侨民社区在国际礼拜堂对面贝当路10号的地块，同时建造了一所规模很大的美国学校，1917年创办于虹口的"美童公学"迁到了这里。美童公学是一所从幼儿园到高中的全美国学制学校，不少学生直接升入耶鲁大学。大量不同年龄的青少年在这里活动，给国际礼拜堂区域带来活力。国际礼拜堂和美童公学组成了一个美国化的社区，国际礼拜堂外面的大草坪上，儿童、家长和老师们嬉笑活动，兼而成为美童公学的一个课外空间。这样的特征，令国际礼拜堂看上去更加亲切怡人。

国际礼拜堂在20世纪30年代脱颖而出，在各个宗派的老教堂中表现突出，成为名扬上海的重要教堂。国际礼拜堂有一项有效的传播手段，就是采用最新科技，在上海广播电台转播教堂礼拜、布道和庆祝活动。从1925年到1936年之间，国际礼拜堂的礼拜活动通过电台布道，在全城转播。上海市民通过广播，了解了教堂内外的美国生活方式。20世纪30年代以后，上海从流行英国维多利亚时代的生活方式，转为流行美国大繁荣以后的生活方式，许多人被美国的时髦生活吸引到教堂。上海的英语人口不单是英、美、法、德籍侨民，还有大量的中国人。上海的英语人口中，华人甚至超过侨民，上海的《字林西报》是远东最大英文日报，读者大多是华人。他们是归国留学生、教会学校和一般大学的毕业生，还有工程师、公务员、医生、教授、老师等。国际礼拜堂使用英语，但不分别民族和种族。如此，大量华人信徒也参与到国际礼拜堂的活动中。以教堂管理机构理事会为例，最初是美国籍的理事占多数，聘请美国人牧师。到20世纪30年代，很多华人牧师、信徒成为理事会理事。再到了40年代，说英语的华人牧师成为主任牧师。如彭子仁、丁光训、李储文、黄培永等华人牧师都在国际礼拜堂担任过主任牧师。1943年，国际礼拜堂开设下午场学生礼拜，也是由华人牧师蔡文浩、郑建业负责。20世纪40年代，国际礼拜堂倒成了华人牧师、华人信徒占有主要位置的沪上著名教堂。

从1950年起，国际礼拜堂美式英文的礼拜改成了上海口音的普通话。过去的讲道、布告、宣传卡，甚至日常会话都是用英语，这时都换成了中文。经过改组，国际礼拜堂理事会的理事长不再由外国人担任，第一任华人理事长是法学博士李中道。继任理事长是医学博士、中山医院院长沈克非。后来还有欧阳旭明、徐继和，也都是上海的著名医生。

由于该社区及周边区域老居民信徒的受教育水平较高,大多懂得英文,国际礼拜堂的英文传统自觉不自觉地保留下来。20世纪50年代,不少信徒参加教堂礼拜,也是为了保持和温习英语,礼拜天和牧师、教友用英文招呼、聊天。国际礼拜堂是上海最早出现并延续下来的"英语角",成为整个上海比较独特的现象。直到1962年,金陵大学哲学系毕业的高材生沈以藩先生担任国际礼拜堂联合礼拜主任牧师,他的英文非常好,周围聚集了一大批传统信徒。

1966年"文革"开始后,国际礼拜堂关闭。京剧样板戏《智取威虎山》剧组占用了国际礼拜堂,圣坛前的大乐池被用作排练厅,管风琴、洗礼池和铜十字架等教堂设施或被挪走,或被破坏。1980年,开始落实宗教政策,国际礼拜堂率先修复开放。1981年1月4日,国际礼拜堂举行了"文革"后的第一次礼拜。恢复后的礼拜保持了传统的音乐特色,也呈现出原来就有的国际化、跨宗派特征。为了呈现上海基督教的风貌,国际礼拜堂成为上海乃至中国对外开放的窗口。英国坎特伯雷大主教伦西、南非大主教图图、美国布道家葛培理、美国总统卡特、澳大利亚总理霍华德等都访问过国际礼拜堂。这里的礼拜生活,一定程度上代表了上海乃至中国的基督教,吸引着国际社会的广泛关注。

沙利文公寓

钱宗灏

有资料显示衡山路 288 号公寓建于 1939 年，原本并无名字，后因楼下开设有沙利文糖果面包店而得名。沙利文公寓楼高五层，建筑占地面积总共才 238 平方米，差不多等于现在的一套大平层面积，但这幢袖珍公寓设施标准却不低。因其地段好，开发商为了吸引高端客户，精心保持良好的周边环境，设计规划时并没有用尽地块，所以在房屋的左右及背面还可以停放不少汽车。其实这块建筑用地原先也是规整的矩形，只因 20 世纪 20 年代初修筑贝当路（今衡山路）被斜着切去了一角，成了不规则的地块，较难开发，便一直空着。一直到抗日战争爆发，上海租界变成了孤岛，因为可以躲避战火，上海和江浙富裕人口大量涌入，开发商才见缝插针地建起了公寓。另外，像沙利文公寓这样的例子也不是个案，是时代和政策使然，徐汇区有好多这一类迷你公寓，据我的不完全统计，大约有 41 处。这些小型公寓的特点是因地起造、布局紧凑、设计精良、生活便利，是徐汇区境内除了花园住宅之外的另一类典型民居。如果你想要究其成因，还要说到上海法租界最后一次，即1914年向西南方向扩展成功以后的大规模筑路，这回公董局不再按照东西南北走向的棋盘格方式筑路，而是按照法国城市的习惯，新区内的道路大多采取放射状规划，看上去很有气派，但路与路的相交处往往会生出许多不规则的地块来。这些不规则的地块建造花园住宅还行，建造高密度的里弄住宅就不合适了，再说公董局也限制在法租界新区建造中式住宅，他们认为中式住宅砖木结构不安全，易造成鼠患及火灾。于是，中外富人便纷纷选择在法租界新区建造花园住宅，这种状况一直持续到1937年淞沪抗战以后，造花园住宅的人少了，却又为小型公寓的大量兴建提供了条件。

今徐汇区境内的民宅中，一多花园住宅，二多小型公寓的特色确实不同于其他中心城区，开发商们往往还会以此为噱头，售楼小姐口中也经常会爆出"尊享法租界高档生活品质"之类的口头禅。其实，上海法租界早在第二次世界大战结束以后便完成了法律意义上的归还中国，实在是不该这么说呢。

再来具体介绍一下沙利文公寓：建筑为钢筋混凝土结构，一层沿街中部是主出入口，左、右各为两开间的商铺，当时沙利文公司一家就占了三间商铺。二至四层为标准层公寓套房，一梯两户，套内两房两厅，面积将近百平方米，厨房通过设立在建筑背面的外置楼梯出入，十分方便，主妇买菜回来或顺带厨余垃圾出门都无须经过客厅和主楼道，同时，外置楼梯还可以用作消防逃生通道。联系到我们现在的新公房，甚至一些商品房的楼道内总是肮脏

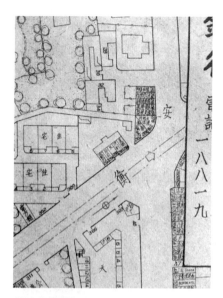

1948 年地图
衡山路 288 号沙利文公寓

不堪，这样的设计还真的是应该借鉴呢！由于公寓临街，套内没有专设可以晾晒的阳台，所以特意在顶层的前部设置了两个露天大平台，后部则是公用的工作房，主妇们可以在那里从容地洗洗晒晒。多么周到的考虑！相信现在居住在那里的居民日常生活也不会感到不便。2017 年上海市徐汇区文化局公布其为徐汇区文物保护点，我想理由大约就是这些吧。因为建筑的艺术价值很平常，建造技术上也没有特别之处，突出点就在于设计上能够切切实实地为方便住户的生活考虑。

接下来说说公寓名称的来历。

计划经济时代的上海益民食品四厂是一家著名的企业，商标有光明牌、快乐牌和幸福牌，尤以光明牌最为著名，差不多每一个上海人都吃过这家食品厂生产的食品。20世纪50年代，益民食品四厂率先在全国开发研制成功脱水蔬菜，给海岛和边防部队送去了难得的叶绿素和维生素C。1964年，成为上海生产军需压缩干粮主要厂家。1971年，又采用高压蒸面和油炸工艺试制成功方便面，成为国内第一家可以生产方便面的工厂。那时候益民食品四厂还生产一款内有茅台、汾酒、五粮液等十大名酒的酒心巧克力，相信不少人是从酒心巧克力中第一次品尝到茅台酒的。只是到了这些年，在商海大潮中，益民食品四厂、泰康等沪上食品工业的"老字号"才相继退出了市民的视野，更少有人知道益民食品四厂的前身还是美商沙利文糖果饼干股份有限公司呢。

　　根据网上资料介绍，"沙利文"最早是家1914年开设在上海南京路上的糖果行，销售糖果、饼干等食品。店址几经迁移，但始终没离开南京路，先后在当时南京路11号、36号、107号和221号落户，经营范围也扩大到美式西菜和咖啡。1925年，创建了美商沙利文糖果饼干股份有限公司，开设工厂制作食品。1933年，沙利文进入重要发展时期，投资75万美元在新闸路、小沙渡路（今西康路）口置地建造的号称远东最大最卫生的现代化新厂投入运营。新厂五层，一楼是储藏室、冷藏室和冰淇淋车间，二楼主要制作平底面包和烤制法式面包，三楼是制糖室，四楼主要制作各色饼干，五楼生产巧克力。每个楼面都有独立的衣帽间、淋浴房、厕所和洗盘处。工厂还拥有自己的洗衣房。沙利文公司总裁兼总经理瑞文先生，同时还是南京路门市部的经理。此外，沙利文的门市部除南京路总店外，还在静安寺路（今南京西路）设沙利文西区分店，在霞飞路（今淮海中路）、贝当路（今衡山路）设沙利文糖果店、西点部。

沙利文公司在《申报》上主打的广告语是："甜料用纯蔗糖，不掺糖精。"另外，坊间还传说，沙利文每天夜里都会把销售不了的面包倒掉，穷人可以去捡拾。此说更让人们相信沙利文出售的每一个面包都绝对是当日烘烤的。

1948年，外籍人员回国后，沙利文公司职工组织"同仁互助号"继续经营。1950年12月，由解放军上海市军事管制委员会接管。1953年，全部资产和债务由华东工业部益民工业公司接收。1954年1月，更名为上海益民食品四厂。1956年成为地方国营后，先后有马玉山糖果饼干厂、福生面包厂、万国面包厂等并入，生产规模扩大，成为食品行业里的龙头企业。

"丽波花园"：平凡中透露出的经典

钱宗灏

　　衡山路 300 弄规模不大，弄内只有 1—8 号前后两排住宅楼和一排由原来的车库改造而成的简陋住宅，从房屋的品质和疏朗布局来看，应是属于配置较高的新式里弄。我们知道，老上海的里弄通常都会在弄口上方或者弄口的壁柱上镶嵌一块大理石的牌匾，上面镌刻着 "××里"、"××坊" 或 "××村" 的字样。另外，山墙上往往还有 "A. D. 19××" 的建造年份字样，这个 A. D. 是公元纪年的标志，因为上海比较洋派，在其他地方还采用民国纪年的时候，上海人已经和国际接轨了。可令人纳闷的是，即便现在衡山路 300 弄已被评定为第四批上海市优秀历史建筑，它的弄名和建造年份仍然是个疑问。铭牌上显示它建于 1928 年。有说法称，是因为它与西面吴兴路 87 号的丽波花园别墅相邻，所以人们也将这里习称为 "丽波花园"。可是这个说法经不起推敲，因为 1928 年建造的里弄住宅绝大多数还是那种清水砖墙、木制门窗、黑漆大门的石库门里弄，像这种前有小院，后带天井，钢窗蜡地，煤卫齐全的新式里弄要到 20 世纪 30 年代以后才有。另外，经查，隔壁的丽波花园，即吴兴路87号倒是真的建于1928年。看来不仅仅是名称，建造年份也似乎被张冠李戴了。不过话又说回来，有一个名字总比没有好，称呼起来方便嘛。若真要较真，笔者倒宁肯相信衡山路300弄和它东面的288号袖珍公寓一样，本来就是没有名称的，开发商如一时想不出好名字来，觉得路名加弄号已足够用了，干脆就随它去了呗。

根据徐汇区文物部门的调查数据显示，衡山路300弄房屋占地面积为1575平方米，建筑面积2352平方米，房屋为砖混结构三层，每幢四户，户与户之间有单元墙高出于屋面，单元开间很大。经由南面小院进入到室内考察，可以看到一侧是条长长的楼道，边上开有侧门，入内为朝南的起居室，后面是饭厅。饭厅另有便门通往厨房，北向有采光窗。楼道尽头为厨房及卫生间，北面设有小天井通往副出入口。二至三层均做错层设计，前部朝南布置为卧室，后部朝北配置辅助用房，即上海人俗称的"亭子间"。亭子间层高要比前面的正房低许多，所以同样是三层楼，前面与后面部分居然相差约有三分之二层的高度。这样从三楼的主卧跨出房门来到楼道里，上几级楼梯就是阳光充足的大晒台，可以活动筋骨，锻炼身体；往下走几级楼梯就可以抵达亭子间取物。如果是雨天，同样可以打开楼道南端的阳台门享受新鲜湿润的空气，非常方便、实用。

建筑的外观立面简洁，细部有水泥塑形的立体方块及三角形装饰纹样，这正是20世纪30年代流行的装饰艺术派特征。此外的红瓦坡顶深出檐，那是欧陆民居建筑的特征。水泥砂浆拉毛墙面是上海工匠的创新，这种外墙施工工艺也是在 20 世纪 30 年代初才开始流行，主要是可以解决早期流行的清水砖墙墙面容易渗水的问题，还具有质感，工艺上也有好多种形式，在当时影响很大，传播也广，从东南亚直到新加坡一带都跟着模仿，英文称 Shanghai Plaster，业内则俗称"上海批荡"。墙面开窗采用规整的方形，部分窗楣呈折线形拱券造型，给人以视觉上的变化感，窗框用平整的浅色水泥线脚装饰，与墙面粗糙的质感相对比。阳台是半在室内半悬挑在外，有精美的铁艺栏杆。建筑整体让人感觉尺度亲切，和谐统一，走道处稍稍前出的变化更加增添了立面的活泼感。主入口上方精心设计的半悬挑小阳台显示了建筑师的匠心，它不仅是视觉上的亮点，更是主妇日常晾晒小件衣物和主人休憩闲眺时的绝佳空间。

我们知道，衡山路是一条呈东北至西南走向的城市主干道路，建筑师在规划设计衡山路 300 弄时，不需要像 288 号公寓那样为了获得临街铺面而牺牲最佳朝向，去迎合道路的走向，这就最大限度地实现了建筑的自我。按照南偏东 15 度朝向布置的两排房屋都是在上海地区最好朝向的范围以内，虽然开发商为此损失了多建造一排房屋的空间，但却保证了建成住宅的最佳居住品质。至今宽阔的弄堂里完全可以容得下两辆车子进出时的错行，弄底还配建有车库。车库高两层，下层停放车辆，上层可勉强住得下司机一家。因为当时有自备车的人不像现在那么多，他们都是另雇司机的，可见设计师考虑得是何等周到！记得笔者去考察的那天正巧是冬至日，上午十点钟时，温暖的冬日阳光一直可以照射到房间里的最深处，看着满屋子的阳光，感觉真好！

楼道里的直跑梯加南北朝向则是英式民居的常见做法。这种设计可以自然形成"穿堂风"，可惜现代住宅设计中多已弃而不用了，其实这种布局牺牲的只是大约半开间的居室朝向，但它带来的好处却是可以最大限度地保证室内的通风换气。这在英伦潮湿的气候中很有用，在上海每年五六月间的梅雨季节里显然也很适合。其实，随着社会经济变化的发展，像楼道这类灰空间并不是奢侈的设计，日常起居中会给主人带来很多便利，譬如临时存放一些物品，吸烟而不影响家人，简单地驻足交谈等都用得着。就像现在的阳台，绝大多数业主都喜欢将其封起来做居室用，心理上感觉房间大了，其实带来晾晒不便、影响通风采光的需求等负面因素真的不少呢。

联系到普通人熟悉的新工房、商品房的室内布局，现在一般都是封闭的套间，因为它们是脱胎于近代公寓住宅的设计，所以衡山路300弄不具备可参照性。但是如果联系到现代都市近郊开发的联体别墅或者双拼别墅的室内设计，衡山路300弄的灰空间和通风采光设计还是很有参考借鉴价值的，至少可以丰富我们新建住宅的户型设计。20世纪末松江开发的"新上海弄里人家"小区就很失败，究其原因，不难发现它在套内还是按照公寓的模式来配置的，没有灰空间，没有穿堂风，邻里交往也不方便，所以给人的感觉只是徒有其名而已。说起里弄住宅，上海人可是太熟悉了，其间夹杂着一种又爱又恨的情愫，爱的是它承载了童年满满的回忆，恨的是生活在其中实在不方便！其实仔细想想，在里弄住宅这种居住形式刚刚诞生的时候，无论是旧式石库门，还是新式里弄，甚至花园里弄，何尝不是为一户一套的居住单元来配置的呢，设计居住面积和舒适程度可以说不亚于今天所谓的联排别墅，只是后来多种社会原因造成了"七十二家房客"的局面并且至今无解。希望不久以后，上海的里弄住宅可以改变人们"看着挺好"的印象。

笔者写这篇文章时曾上网查找资料，不期搜索到了"关于下发衡山路300弄1—8号优秀历史建筑修缮项目计划的通知"，了解到徐汇区住房保障和房屋管理局已经于2017年10月发布通知，由公共财政资金承担，投入资金237万元用以修缮衡山路300弄内房屋。政府的作为无论如何都是老房子的福音，希望不要发生保护性破坏的事件，也希望能在修缮过程中尽量拆除违章搭建，纠正住户的不合理使用行为，让老房子的魅力一直延续下去。

文章脱稿以后，徐汇区文化局专门请了郑时龄院士作序。郑院士提到了衡山路300弄建筑的情况：建筑师是王克生，1892年生；建筑设计于1932年10月，1932—1933年建成。言之有据，援以记之，至此无憾矣。

从"华盛顿"到"西湖":
一座公寓大楼的九十年斑驳岁月

张　伟

本文的题目乍一看令人疑惑：难道华盛顿和西湖之间会有什么关联吗？一位是西方伟人，一处是东壤名胜，似乎很难相联！其实，说开了你就会恍然大悟：两者只是同一幢公寓的前后不同名称而已，彼就是此，此就是彼。华盛顿公寓建造在前，1930 年竣工；而西湖公寓则改名在后，已是风雨来袭之际的 1966 年了。

一

华盛顿公寓地处贝当路（今衡山路）与高恩路（今高安路）口，衡山路 303 号—307 号平面沿道路转角呈三角形，钢筋混凝土结构。在两条道路相交处的路口建造公寓大楼，当年似乎颇为流行，我们现在还能看到不少类似的建筑，如衡山宾馆（今衡山路和宛平路交会口）、武康大楼（今淮海路和武康路交会口）、淮海大楼（今淮海中路

西湖公寓

和常熟路交会口）等，也许这样能够最大限度地利用地块面积？或者可以逼迫设计师充分施展艺术才华？不管怎么说，这类建筑物今天都已成为我们这座城市的一处美丽景观，得到政府和民众一致的呵护确是事实。

虽然这幢公寓大楼用了"华盛顿"（Washington）这样一个外国名字，但它的业主却是两个货真价实的中国人：建筑设计师李石林和银行家卓镛诗。华盛顿公寓建成之初，楼高9层，这个层高，在20世纪20年代，不仅在衡山路是第一高度，就是在整个上海滩也是数一数二的。当年，它和毗邻淮海路上的诺曼底公寓（今武康大楼），都是上海西区名副其实的豪宅，住客几乎清一色都是外国人。翻开字林洋行出版的《中国行名录》中"上海街道指南"栏目中的记录，华盛顿公寓的住客来自英、美、德、法、西、葡等西方主要国家，职业不是洋商、传教士，就是医生、律师，一直到抗战爆发以后，才逐渐出现少数中国住客。楼起了，李石林和卓镛诗的雄心也更大了，1933 年，他们以华盛顿公寓为抵押，以 8 厘半的高利息向沙逊洋行所属华懋地产公司借款 65.5 万元再作投资。但此次好运不再光顾，1940 年，因无力偿还本息，李、卓二位只能无奈地将华盛顿公寓以 112 万元的低价抵债给了华懋地产公司，大楼就此易主。7 个月后，华懋又以 150 万元的价格卖出，成功地做了一次短平快交易，狠赚了一笔。

相比业主，华盛顿公寓的建筑设计师亚历山大·亚龙一世（Alexander I. Yaron）似乎更值得一写。亚历山大·亚龙一世是土木建筑工程师，其夫人是著名的肖像画家。俄国内战时，他加入沙俄帝国军队任上校军官，"十月革命"后举家流亡到中国。就像当时的很多白俄一样，他在上海重操旧业，在异国他乡开始其土木工程建筑设计的职业生涯。他在上海非常勤奋，留下了很多作品，其中不少已经成为上海的优秀历史建筑，如著名的大华饭店（Majestic Hall，今南京西路、江宁路口，1927 年 12 月 1 日，蒋介石和宋美龄在此举行盛大的婚礼）、贝当公寓（Petain Apartments，今衡山公寓，衡山路 700 号）、圣尼古拉斯教堂（今黄浦区皋兰路 16 号，为当时俄籍侨民筹款自建的第一座东正教堂）等。华盛顿公寓为亚历山大·亚龙一世的早期作品，公寓为9层，建筑面积8 825平方米（1982年加建了两层，总面积扩至14 658平方米），钢筋混凝土结构。公寓有三扇大门，分别为今衡山路303号、305号和今高安路48号。标准层由三个单元拼接而成，每个单元都设有主楼梯和辅楼梯。除了楼梯外，还设电梯一部，华盛顿公寓也因此成为上海公寓建筑中最早使用电梯的楼房之一。在那个很多人家还把电灯当作稀罕物的时代，这实在是大手笔的时尚举措。公寓的底层是保姆房和汽车库，还有一个大庭院，方便汽车进出。当时，保姆是不能走正门、乘电梯的，如果要到主人家，就要从大楼后面的楼梯步行上楼——这个楼梯从底楼一直通到9楼，是一个相对独立的空间。华盛顿公寓完全摒弃了当时在上海流行的欧洲文艺复兴时期风格，采用了现代装饰艺术风格，这是当时西方建筑最流行的，可见建筑设计师亚历山大·亚龙一世对世界建筑界最新的时尚潮流非常熟悉。公寓外墙为黄色水泥拉毛（1949年后一度改刷为湖绿色，现又改回黄色），十分简洁；入口门框的上方窗肚墙上有白水泥制作的花纹装饰，其神秘的图案令人生出无限遐想；门框上方和公寓房屋顶部双双以竖行线条作装饰艺术风格处理，呈上下呼应状态。公寓整体风格简洁大方、抽象新潮，装饰效果十分强烈，体现了设计师对世界建筑思潮的敏感把握。即使以今天的眼光来打量，衡山路上这座建造于90年前的公寓大楼除了岁月带来的厚重的历史人文底蕴以外，建筑本身也依然充满了时尚魅力！

西湖公寓外墙以白色水泥制作的花纹图案和
竖行线条，装饰效果十分强烈。

二

　　1949年后，华盛顿公寓的住户情况发生了很大变化，
那些欧美国家的房客，因为政治、经济等种种原因都陆续撤
离，踏上了返乡归途。1953年前后，曾经住满房客的华盛
顿公寓一下子变得异常安静。不过，既有旧的去，就有新的
来，很快，公寓就迎来了1949年后的第一批住户。

　　1949年10月，中华人民共和国成立；同年12月，毛
泽东首次出访苏联，会见斯大林。1950年2月，《中苏友

好互助同盟条约》在苏联签约，规定了签约双方在政治、经济、军事、文化等各个领域的全面合作，确立了中苏两国之间的友好同盟关系。中苏关系开始进入蜜月期，双方人员互访十分频繁。1954 年 9 月，赫鲁晓夫率苏联政府代表团访华，签订《中苏科学技术合作协定》，为中国提供长期贷款，赠送各种工业设备，并派大批专家来华指导工作。这就引发了另一个问题，即这些苏联专家在华的住宿问题怎么解决？

上海是国际大都市，中华人民共和国成立之际，保证局势稳定是最重要的。1949 年 5 月上海解放，解放军大部队入驻上海。经过一段时间整顿以后，真正留下来的部队人员都是一些准备长期在上海工作的，他们住宿问题的解决方案五花八门，十分复杂。在上海西区，有一批部队人员当时集体住在毕卡第公寓（今衡山宾馆），1954 年，因给来沪工作的苏联专家腾房子，这批部队人员搬出了衡山宾馆，按照部队级别重新分配住处，一些团级以上军官住进了武康大楼，其他的就分配到华盛顿公寓、会斯乐公寓（今集雅公寓）等一些临近地段的大楼居住。有一位八十多岁高龄的刘阿姨，她可能是西湖公寓现今住得时间最长的住户了。刘阿姨从小参军，20 世纪 50 年代初随部队到上海工作，当时隶属于总后华东军区系列。据刘阿姨回忆：最初，她们就住在衡山宾馆，1954 年，因给苏联专家腾房子住，部队中的很多人搬进了华盛顿公寓，按级别和家中人口多寡分配不同的单元，像刘阿姨夫妻两人住进了一套两居室，也有的搬进会斯乐公寓，级别较高的就住进了武康大楼。当年集中搬到华盛顿公寓中的部队住户，现今虽然大部分都已转业，和部队脱离了关系，但也有几家因特殊原因至今仍是部队编制（采购供应站）。至今，高安路19号还是中国人民解放军总后勤部单位。

刘阿姨1956年从部队复员，工作单位远在外滩，为了不迟到，她每天清晨5点就起床洗漱，然后急匆匆地去临近的吴兴路菜场买菜，为晚餐做好准备。接着就像一阵风似地为两个女儿着装、梳洗、做饭，饭后送往宛平路小学，自己则换乘26路电车和42路公交赶往外滩上班，经常是路上顺便买些早点，在办公室里趁别人不注意时偷偷吃上一口。女儿下午3点多就放学回家了，而刘阿姨则要晚上6点左右才能下班回到家里。刘阿姨不放心将家里的钥匙交给年幼的女儿，她们只能眼巴巴地坐在家门口的楼梯上等妈妈回家，看

西湖公寓高龄住户刘阿姨

书复习时往往看着看着就倚着墙睡着了。这是刘阿姨下班回家时经常看到的一幕。现在，两个女儿一个出国，一个留在上海，不知她们是否还记得当年在华盛顿公寓303号转弯楼梯上迷糊入睡的情景。这应该是她们最温暖的家，也是记忆中最值得珍惜的一段时光。

时间的车轮转得很快，1966年，"文革"爆发，华盛顿公寓改名为西湖公寓。1972年，部分军队房屋交地方管理，刘阿姨她们开始缴房租，当然因有住房补贴，房租也只是象征性的，金额很低。1982年，因上海住房紧张，房管部门在西湖公寓的楼顶加盖了两层，成了今天的11层公寓楼房。现在，刘阿姨仍然住在这幢有着90年历史的公寓里，自己也在不经意间成为了居住时间最久的住户。每逢年节假日，家里人都会把刘阿姨接过去同享天伦之乐；平时，也经常有居委干部和左邻右舍嘘寒问暖。刘阿姨心态很好，记性不错，腰腿硬朗，身体康健，一眼看上去起码要年轻十岁，至今仍经常有人上门向她探听以往的故事。前几年，还有曾经住在这里的一个美国人来找刘阿姨打听，他说是来西湖公寓寻找他的旧梦的。说起这些，刘阿姨的眼角皱纹里满满都是笑意，看得出，她很幸福。

西湖公寓曾经还住着一位来自军队的奇人——胡铁生。1911年生，原名胡克熙，山东福山人。胡铁生出生在一个知识分子家庭，祖父胡钟清是清朝秀才，父亲胡超资是一名教师。他早年瞒着家庭参加抗日，并在参军那一天起改名铁生，立志戎马一生。1938年加入中国共产党，因为有文化、善动脑，升职很快，曾在八路军所属部队担任过后勤部长、参谋长等职，抗战前夕转做经济工作，是部队中难得的能文能武的人才。1949年，解放军接管上海时急需各类人才，在陈云建议下，陈毅市长到各地部队"觅宝"，胡铁生就是在福建商业厅厅长任上被陈毅挖来上海的，主要担任外贸军代表、华东外贸总公司副总经理等职。1953年起，他先后担任上海市商业局局长、上海市手工业局局长等职，还曾经是上海市政协常委。

胡铁生在上海名气很大，因为他的工作关系到千家万户，关系到他们的日常生活。如在南京路发展特色商店，就是他在1953年当上海市商业局局长时率先提出来的。他的思路就是：南京路是上海最有名的一条街，又靠近外滩，全国各地的人到上海来，一般都会去逛逛南京路，我们要把上海几百年来延续下来的各种老字号特色商店都搬到南京路去，让全国人民不但能方便地在那里买到称心如意的各色商品，还能在那里观光领略大上海的风采。就这样，经过多年努力，培罗蒙、老介福、王星记、老凤祥、朵云轩、张小泉、吴良材，以及上海花鸟商店、古玩商店、工艺美术品服务部等很多特色商店都陆续迁到了南京路，形成了上海最大、最闻名的特色一条街，也让南京路成为了几乎每一个外地人来上海的必到之地。

国人的需求满足了，胡铁生又把精明的眼光投向了外国人。当时，上海大厦一楼东侧有一个国际友人服务部，只有七八个柜台，主要经销一些中国礼品。胡铁生认为地方太小，经营范围也太狭窄，应该搬到南京路去，要扩大地盘，扩展业务，不但为外国人服务，也要为越来越多的出国人员提供帮助。他直接找到陈毅市长寻求支援，陈毅对他说："你自己找地方，只要找到了，我就批给你，看中哪块算哪块。"胡铁生经过考察，看中了新华书店的整个二楼，全部拿了下来，在南京路上开办起了友谊商店。至于"友谊商店"这个别致的店名，也是他提供了两个备选店名，最后由陈毅和当时的国家商业部部长姚依林定下来的。这以后，全国各大中城市都纷纷仿效，陆续开办，连名字也一起照搬，"友谊商店"也因此在全国形成了一个独立的商业体系。

　　无论是商业局局长，还是手工业局局长，虽然管的都是一些小事、琐事，有人将之形容为"一地鸡毛"，但一旦处理不好，就有可能酿成大祸；而且因为上海举足轻重的地位，甚至有可能波及全国。1962年，胡铁生甫调任上海手工业局局长不久，就迎头撞上了一起影响全国的"发夹风波"。当时，因大跃进、大炼钢铁运动，全国大刮浮夸风，钢铁产量未升反而大幅度下降。本来，上海因手工业基础好，一年生产两亿多只发夹，基本能满足全国妇女的需求——当年条件差，可供妇女装饰美容的小玩意本来就少，这各式花样的发夹就成为了广大妇女追求美的恩物。现在钢产量一下降，缺少原材料，上海生产发夹的产量也一下子下降了，连原先数量的三分之一还不到，这引发了妇女群体的严重不满，层层告状，结果一直告到北京，国务院副总理李先念亲自出面协调，召开会议，点名要胡铁生拿出解决办法。最后，政府增拨了一批钢，胡铁生又组织人到处收购废旧钢材，生产出了更多花色的发夹，才化解了这起因妇女告状而引发的"发夹风波"。以后妇女商店的开设、中国第一

支服装专业表演队的成立，也都得益于胡铁生的支持，胡铁生可以说和妇女有缘，有功于女界。

胡铁生虽然名声很大，但很多人知道他，并不仅仅只是他的工作或者他的官衔，更多的往往是因为他的那一手漂亮的字——风格极其鲜明的"胡体"。当年徐匡迪市长就曾亲口对胡铁生说：我每天都能在马路上看到你，上海到处都是你写的招牌，从上海证券大厦、上海实业公司、第一医药商店，一直到一些不知名的小店、小公司，都是你题写的字

胡铁生书法

迹。你是我们上海的一个宝啊！有人曾亲自数过，"南京路从外滩到静安寺，有胡铁生免费书写的商店招牌十六块"。确实，在 20 世纪八九十年代，你要想忽视胡铁生也难，走在上海的街头，时不时地就会看到一家由他书写的店招匾额，就算是不认识或者不知道书写者，"胡铁生"这三个字也一定耳熟能详了。

胡铁生不是专业的书法家，他的字有着强烈的个人风格，铁画银钩，别具一格。但也正因此，社会上有人对他的字有所非议，戏谑地称其字为"香蕉体"，意谓笔画如根根向上翘起的香蕉。然而郭沫若、程十发等艺坛大家则对他不墨守成规、善于学习各家之优的书法风格大为赞赏，海上书界权威王个簃更是赞其字为"气势纵横，腾蛟起凤"的"将军字"。学者王元化对"胡体"有精到的分析："铁生先生自幼酷爱篆刻书画，其书法以习颜真卿画赞碑入手，复临秦汉六朝古碑，博采众长，自辟蹊径，真积力久，粲然发为艺苑奇葩……人称先生书法似千军万马严阵以待，又如豪杰搏战气贯长虹，令人奋发，令人向上。"胡铁生则对自己的字有清醒的认识，他勤学苦练，转益多师，博采众长，融会贯通，最后形成自己独特的风格。对此，著名书法家张森有很高评价："胡老的字，不用看签名，一眼就能看出是他的字。他自创字体，这对大多数书法家来讲是做不到的。"胡铁生曾自撰对联"笔有风骨；字皆情操"，并诙谐地作了打油一首，以此表达自己的书法观点："只学一家书，学成不过为人做奴婢。人家都说专一好，我独爱好融和通。"其实，在胡铁生看来，只要大家喜欢他的字，他就心满意足了。别人请他写了这么多匾额，他从不收人家一分钱。在西湖公寓303号他的家里，上自各级领导，下至普通爱好者，有多少人曾上门求字，胡铁生总是一口承诺，从不端架子；左邻右舍向他要字，他也是有求必应，无偿赠送。不少只有一个门面的小店匾额赫然是胡铁生的亲笔，很多普通人家的墙壁上至今仍悬挂着他的书法。胡铁生曾对子女袒露心怀：我是个老八路，为人民服务不收钱，我晚年也只有这件事可做了！

胡铁生给自己的书斋取名"石庐"，最初对应的就是衡山

每天出门前胡铁生必在金砖上练字

路上的西湖公寓，也可以说，西湖公寓303号34室就是最早的石庐。这间石庐仅仅只有14平方米，胡铁生就是在这间陋室里生活、工作、练字。"石庐"是有来历的，胡铁生曾觅来一块清乾隆年间的金砖，90厘米见方，乌黑沉郁，皮壳温润，他每天上班前总要在这块金砖上用清水写字，时间充裕就写半小时，时间紧张就写几分钟。然后再出门上班，天天坚持不断。这就是他的"石庐精神"，正是在这里，胡铁生的那一笔雄浑瑰丽的"胡体书法"开始走向社会，赢得赞誉！

三

作家孙甘露年幼时曾在衡山路上的空军第二幼儿园寄

托，及长大成人，又曾在衡山路邮局工作，故对衡山路这条充满魅力的马路怀有很深的感情。他的散文《在悬铃木的浓荫下》对衡山路有很多动人的回忆，他甚至还清晰地记得这样一个细节："夜晚，在西湖公寓的高大黑暗的通道里，冲着进站的十五路电车"，经常会有一个男高音在"引吭高歌"。是的，当年的西湖公寓里住着太多的艺术精英，夜晚飘出几声专业的男高音并不令人奇怪。我从网上偶然看到这样一条租房广告：西湖公寓，位于 V 形顶端的景观大房，170 平方米，月租 3 万 2 千元。经纪人可能曾经是个文艺青年，广告颇有诗意地写道："时光变迁，如今窗外的法国梧桐依旧在衡山路上洒落斑驳阳光，捧杯咖啡坐在这个客厅里眺望窗外老洋房的屋顶，不经意间，又是怎样的文艺情怀？"如果不考虑房价，相信会有不少人毫不犹豫地抢着去看衡山路上这套充满文艺范儿的景观大房。而这套房曾经的主人正是一位文艺名人，他就是上海电影制片厂（以下简称"上影厂"）著名的制片人丁里，《女篮五号》《舞台姐妹》《红色娘子军》《子夜》等很多脍炙人口的名片，既是谢晋、桑弧等导演的作品，也是丁里制片的杰作。那个年代，丁里的客厅里，经常会有导演、美工、作曲和男女明星们会聚一堂，把杯畅谈，爽朗的谈笑声想必也会飘出窗外，被更多年轻的孙甘露们深深埋进心里，成为几十年后的一种难忘回忆。

像丁里这样的影坛名人，在西湖公寓里你能遇到很多，如 20 世纪 20 年代中国第一代导演的陈寿荫、影坛四大名旦之一的舒绣文、以影片《喜盈门》等驰名影坛的著名导演赵焕章、中国科教片著名导演夏振亚、译制片著名导演胡庆汉、上影厂著名摄影师彭恩礼等。这些人的名字,今天的年轻人可能有些陌生,然而翻开中国电影史,他们都是中国影坛各个领域里响当当的人物,有些甚至是某个历史节点举足轻重的关键人物。这么说可能还是太过简略,那么且让我们把镜头对准其中的两个人略微扫描一下吧。

先来说说齐闻韶。这个名字一看就和艺术有关:孔子在齐闻《韶》乐,三月不知肉味,谓之曰"尽善尽美"。这是中国的一个著名典故,形容美妙的音乐能带给人一种余音绕梁、不绝于耳的审美体验。齐闻韶日后果真毕生从事艺术工作,这不能不说是冥冥之中的一种奇妙巧合。齐闻韶是浙江杭州人,1915年出生,少时在家乡读的是丝绸商科。抗战爆发后,参加了八一三歌咏队和抗敌演剧队,从此一生就和艺术打起了交道。他先在西南大后方从事戏剧工作,先后导演有《愁城记》《国家至上》《重庆二十四小时》等抗战名剧。1946年加入中国共产党,1948年在香港涉足影坛,参与建立华南电影界联合会,并先后担任南国影业公司、龙马影片公司的场记和编导,有机会和费穆、朱石麟等电影名家一起共事。这段经历对齐闻韶日后人生走向有着非常重要的影响。他曾专门撰写《跟随朱石麟导演拍戏的日子》的文章,深情回忆朱导对他的教诲之恩;也曾经对后辈陈清泉讲述自己的人生感悟:"场记工作有一个特点,他要和导演一起参加摄制工作的全过程,接触到创作生产的方方面面。因此,它是一个学习电影创作生产的最好岗位,是了解电影艺术的最好机会。许多导演——像谢晋等人都是场记出身,我在香港做过场记，这个工作帮我打下了从事电影工作的基础。"正是在香港，他和朱石麟一起编导了《江湖儿女》和《一板之隔》，这是 20 世纪 50 年代初香港比较有代表性的影片，后者还获得了中国文化部颁发的 1949—1955 年优秀影片荣誉奖。

1952 年 1 月，因参加左翼文化工作，齐闻韶和司马文森、刘琼、舒适、白沉、沈寂等人被港英政府拘捕，列为不受欢迎人物，被驱逐出境。回到上海，齐闻韶的身份有所转变，他从编导变成了领导，逐渐成为了一个电影事业家。他先是担任上海联合电影制片厂制片处的处长，1957 年 3 月，上海的电影制作主要分成了江南、海燕和天马三个故事片厂，齐闻韶出任天马电影制片厂的副厂长。当时天马厂的领导被外界称为"三驾马车"，由普陀区副书记一职调任过来的丁一担任书记，主管党务工作，老导演陈鲤庭出任厂长一职。陈鲤庭业务娴熟，经验丰富，但身体不佳，长期生病，以致很少来厂，故齐闻韶这个副厂长实际承担了厂里主要的生产业务，从编剧到导演，乃至摄影、美工、置景等，无所不管。他很好地处理着这一切，与丁一紧密配合，凡事与陈鲤庭一起商量，领导着天马厂高速运转。齐闻韶平易近人，既能与所有创作人员促膝谈心，也善于和各工种的工友成为无话不谈的朋友，因而被大家称为"路路通"的"行家里手"。短短几年工夫，天马厂就创作出了多部优秀作品，其中就有至今仍为人津津乐道的《女篮五号》《红色娘子军》《孙悟空三打白骨精》《燎原》《红日》《霓虹灯下的哨兵》等传世之作，齐闻韶也因此被夏衍称为"在草鸡棚里孵出金凤凰"的优秀事业家。

1976年10月金风送爽，电影界迎来了又一个春天，很快，齐闻韶获得"解放"，并出任上影厂副厂长，和丁一、徐桑初形成了上影厂新组合的"三驾马车"，带领全厂近2 000人重整旗鼓，再创辉煌。当时，所有行之有效的规章制度都被"砸烂"了，百废待兴，一切要根据实际情况重新建章立制，形成一套可以正常运转的生产体制。齐闻韶再度发挥自己的特点，密切配合丁一和徐桑初，承担最繁琐的基础工作，为振兴新上影厂而不辞辛劳。在"三驾马车"强有力的领导下，一个生气勃勃的新上影终于又重新屹立在东海之滨，并迎来了又一次的辉煌，生产出大量优秀影片。对于上影来说，齐闻韶与丁一、徐桑初的"三人组合"，可以用珠联璧合来形容。可惜好景不长，由于鼻咽癌作祟，齐闻韶再也无法承受繁重的工作压力，无奈较早地离开了这个领导班子。但就是在西湖公寓的家里，他也依然停不下来，撰写回忆文章，接待来访的研究人员，尽己所能地从事相关工作，直到生命的最后一刻。

接下去我们要说到另一位上影人王世桢，他住在西湖公寓33号84室，和齐闻韶既是邻居，又是同事，彼此有不少交集：如，他也担任过天马厂的副厂长，而且最终落实在电影史上的身份也是电影事业家。不过，同中也有异：齐闻韶的"事业"要更"实际"一些，他主要是抓电影开拍之后的事；而王世桢的"事业"则要"虚"得多，他主管的是文学部分，属于电影生产的一前一后，即剧本的创作和影片的评论。两人合起来，倒正好是电影创作的一条完整的生产链。

我们也许可以用四本杂志来串联起他的一生。

王世桢，1922年生，福州人。1945年毕业于成都燕京大学。他学的是经济，从书本中学习了不少马克思的学说，平时则很喜欢看进步话剧和左翼电影，是一个典型的进步青年。1948年元旦，他在南京加入了中国共产党，不久，组织关系就转到了上海。王世桢在上海由党的上海文委戏剧电影中心组领导，日常负责和他联络的是刘厚生。出于工作的需要，他们决定办一本杂志，以此为纽带来联系和团结影剧界的朋友，如黄佐临、黄宗江、陈西禾、袁雪芬、梅朵、戴耘、周峰等。当时办杂志需要经过政府当局的审核批准，他们商议后决定迂回一下，用办丛刊的形式绕开繁琐审批，名称就叫《影剧丛刊》。在代论《我们的理解和我们的工作》一文中，他们开宗明义，直言不讳："我们认为，影剧艺术从根须到枝叶，都必定是为人生的，为人民的。"因此，刊物的基调也与当时坊间一般专门为明星造势的影刊格格不入，显得悄然独立。但也正因如此，有很多人注意到了它的存在，评介"它是一本追求格调的杂志"。《影剧丛刊》，1948年9月30日创刊，一共出版了四辑，因为是丛刊，故每期都另有一个单独的名称，如第一辑《从舞台到银幕》，第二辑《好莱坞内幕》，第三辑《演员的甘苦》，等到第四辑《寻找一张地图》面世时，已经是1949年的5月10日了。几天以后上海获得新生，王世桢他们也从地下转到了地上。

《影剧丛刊》第二辑
（1948年）

1949年5月25日，上海解放，王世桢最初的任务是去国民党广播电台负责接收，紧接着又到军管会文艺处下属的戏曲室和电影室担任秘书，后来又出任上海戏剧电影协会副秘书长、文化局电影事业管理处秘书室主任等职，负责剧本审查、企业拍片贷款申请等事宜。当时，王世桢是电影事业管理处唯一的党员，日常工作负责较多，《大众电影》的创办就是由他首先提出来的。由于梅朵1943年从戏剧学院毕业就开始搞剧评，解放战争时期又搞过影评，当时还担任电影事业管理处电影研究室主任一职，在业务上很有经验，故《大众电影》由梅朵和王世桢共同担任主编，夏衍、于伶、姜椿芳、陈白尘等18人任编委，夏衍任编委会主任。梅、王两人紧密合作，配合默契，编辑部工作主要由梅朵负责，

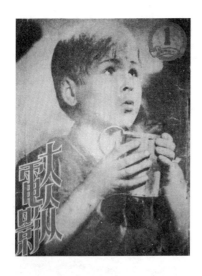

《大众电影》创刊号
(1950年)

稿件最后则经王世桢审核后签发。《大众电影》是新中国创办最早、影响最大的一本专业电影刊物，发行量最大时曾创造过每期出刊超过900万册的记录。根据王世桢的回忆，《大众电影》创办于1950年6月1日，创刊号付印时，使用的纸张还是《影剧丛刊》用剩下来的，当时心中无底，只印了2 000册，不料大受欢迎，立即售罄，于是马上再版，添印了8 000册。随着岁月流逝，这1万册《大众电影》创刊号现在已经存世不多，成为收藏珍品了，在藏界有"十三极"之誉。多年以后，梅朵在回忆他们那段青春岁月时仍然充满了神思遐想："当时，整个编辑部就是几个人，从组稿、编辑、设计、采访、校对到印刷、发行事务，都由我们承担下来。我记得，每到校对的日子，大家一齐到印刷厂，整整干上一天，一人吃一碗阳春面，高高兴兴地去，高高兴兴地回来，相互之间，总是那么亲密无间。回想起来，那种把全部生命投入工作的情景，还是令我十分神往的。"梅朵还细心地记下了当时编辑部的人员名单："和我一起创办这本杂志的伙伴是王世桢、袁路夫、顾征南、唐家仁、欧冠云、沈宗镐等几个同志。"

1952年，上海的私营电影制片厂国有化后，就把原来民营的电影文学研究所改组成上海电影剧本创作所，夏衍任所长，柯灵任副所长，王世桢出任秘书长兼编辑部主任，主持日常事务工作。1957年，上海电影制片公司分成海燕、江南和天马三个故事片厂，王世桢先是在海燕厂工作，1962年又调到天马厂任副厂长兼文学部主任。整个五六十年代，王世桢的世界可以用组织剧本创作和协调全局事务这两项工作来概括。当时，上海出产的电影，很多背后都有着王世桢辛劳的身影，虽然他从不署名。如当时有两部剧本几乎同时出现在王世桢的手里，一部是吕宕的《林则徐》，一部是叶元的《鸦片战争》，王世桢认为前者人物塑造很精彩，而后者的故事结构和素材非常丰富，故他与两位作者商量，将两部剧本合并起来重新改写。新的电影剧本出来后，王世桢又与导演郑君里、主演赵丹、美工师韩尚义等主创人员一起，一场戏一场戏地讨论，连续半个多月，天天讨论到很晚，大家都说："晚上11点钟以后，王世桢的眼睛就发亮，精神就来了。"今天，《林则徐》已经成为新中国电影史上的一部经典之作，影片依然没有王世桢的署名，但谁又能说他不是幕后的英雄呢？由于王世桢的身份，当时很多繁杂琐碎的事务都由他出面协调。50年代初，孙瑜导演的《武训传》受到批判，声势很大，组织上就派王世桢去孙瑜家做思想工作。王世桢自己是知识分子出身，平时和老艺术家们关系很好，彼此没有对立情绪，很容易对话。他以己度人，推心置腹，和风细雨地和孙瑜进行沟通，并支持他再拍电影的想法，很好地缓解了孙瑜的紧张心理。以后孙瑜的《乘风破浪》就是在王世桢的大力帮助下创作出来的，这对老人是一个很好的安慰。

在"文革"等历次运动中，作为"当权走资派"，王世桢也受到很大冲击，被逼迫交代所谓的"罪行"，但无论怎样受折磨，他都秉持一条基本信念：绝不写违背事实和良心的话，保持一个知识分子的人格底线。经历过那个年代的人都知道，这是何等的不容易。1976年"文革"结束后，王世桢获得"解放"，再度出山，担任中国电影家协会上海分会秘书长。杂务缠身，王世桢又开始忙得不可开交，但他并没有忘记自己的老本行，忙里偷闲，又主持创办了两份新刊物：一份叫《电影新作》，一份名《国际银幕》。前者以刊发电影剧本和电影评论为主，当时受欢迎的程度今天都难以想象，刊物第一期就发行了一百多万册。《电影新作》刊登的《巴山夜雨》《城南旧事》《天云山传奇》《喜盈门》《咱们的牛百岁》等剧本，后来都拍成了电影，并成为了电影史上的传世之作。《国际银幕》专门介绍国外电影的制作动态，和一般文艺电影杂志相比，它更像是一份给业内人员进修学习的专业刊物，对了解外国电影生产流程和专业技术发展很有帮助，今天仍旧有不少影坛中人还在怀念它。

《电影新作》第 1 期
（1979 年）

《国际银幕》第 1 期
（1985 年）

1987 年，王世桢满 65 岁，离休了，但他并未从此安享晚年，而是充分利用自己的人脉关系，发挥余热，创办上海电影进修讲习所，主要培养业余编剧和评论人才，也开办电影表演班。他约请编、导、演各界名人大腕来给大家上课，从 1987 年到 1998 年，这个讲习所一连办了十余年，培养电影人才数千人，真可谓"桃李满天下"。这个讲习所影响很大，直至今天，仍有人清晰地记得："讲习所上课的地方在南京路华侨大厦后面的交运俱乐部的电影院里，每周只有一天半时间，周六下午和周日一天上课，周日晚上看教学参考片。授课老师都是全身心地在传道授业，个个都是真功夫，没有一点虚的，所以，我们学也是如海绵吸水，一点不漏，如久旱的土地遇甘霖，如痴如醉。"王世桢"一身书卷气，虽然戴一副深度眼镜，但是，所具有的人格魅力是无法用语言来比拟的。一口南方人讲出的普通话很有一点韵味，至今仍然难忘"。

20 世纪 90 年代末，王世桢正式退了下来，老骥伏枥的他这时才开始从事他酝酿多年的电影剧本《史迪威将军》的写作，他甚至利用赴美探亲的机会，到北加州拜访史迪威当年的副官。这部剧本因为资金等诸多因素的牵制，几次筹拍都最终告停，这也成为了王世桢心中难以抚平的遗憾。九十高龄之时，在西湖公寓那张睡床上，他还在梦中梦到了《史迪威将军》正式开拍了。一辈子为他人作嫁衣的王世桢，心中的最后梦想竟然是自己剧本的开拍，不免让人唏嘘不已，而这正是老一辈影人让我们崇敬的坦荡人生！

齐闻韶和王世桢他们干了一辈子电影工作，勤勤恳恳，任劳任怨，培养、扶植了无数艺术人才，发现、修改了无数精彩剧本，支持、成就了无数优秀影片，但工作性质决定了他们只能隐身幕后。他们的知名度不高，远远比不上那些明星、导演和作家们，今天甚至已经没有多少人还知道他们的名字，但你能说他们缺少成就，功劳不大吗？电影这类公众行业，大红大紫、拥有众多粉丝的永远是站在第一线的那些男女明星们，而成就影片的还有隐身背后的无数辛劳而又默默无闻的人。不要忘记，一部好电影值得我们记住的不仅仅只有明星，还有不少人也为此付出了很多很多，他们就藏匿在银幕上那一句句对白、一个个镜头里面，需要你细细品味。他们是默默耕耘的影坛园丁。

从"华盛顿"到"西湖"，整整九十年光阴，其中住过的客户数以千计，有豪商，也有政客；有名媛，也有明星；有军人，也有企业家；有如雷贯耳的名人，也有默默无闻的普通人。它所经历的岁月，既有惊心动魄的传奇，也有曲折动人的故事，更多素朴归真的日常。如今，这座矗立在上海徐汇区衡山路与高安路交汇口的公寓大楼，虽由辉煌走向平淡，其由岁月积淀的历史底蕴，恰如它在梧桐映射下的斑驳身影，仍然丰富多彩，充满动感，值得我们呵护珍惜，更应该细细品味。

群贤毕至的集雅公寓

何成钢

位于衡山路（旧称贝当路）311 号—331 号的集雅公寓又名乔治公寓，曾称会斯乐公寓，亦有称惠斯乐公寓。由谁起的名？其寓意如何？我们暂且不得而知。陈占祥、张瑞芳、舒绣文、上官云珠、曹漫之、罗竹凤、朱道南、马仲文……我所列的这一长串居民名单中，跟文化沾边的多，经商的少，即使经商、打仗的，也是有着儒商或文武双全之谓的。这倒是配得上这幢公寓优雅好听的名字的，可谓名实相副。

"中国最好"的两位建筑规划师

集雅公寓是著名建筑师范文照设计的。范文照是 1928 年成立的"中国建筑师学会"的首批会员。在这份委员名单中，刘敦桢、杨廷宝、林徽因、梁思成赫然在列。其中范文照与庄俊、吕彦直、李锦沛、董大酉、陆谦受皆先后担任会长与副会长一职。中国建筑师学会创办期刊《中国建筑》，范文照在创刊号中著文阐述了中国建筑师学会的组成与缘起，可见名不虚传。

中国早期著名建筑师大多留学于欧美，其中留学美国的居多。宾夕法尼亚大学建筑系是美国建筑教育的重镇，当时宾夕法尼亚大学建筑系的教授多来自巴黎美术学院，被认为是最正统的"学院派"。学院派教育19世纪传入美国后，在宾夕法尼亚大学建筑系生根发扬光大，范文照就在此接受教育。所以，古典的设计路线，是范文照早年的实践啼声。其中南京大戏院（今上海音乐厅）和上海八仙桥基督教青年会（今青年会宾馆）是其设计的古典风格建筑的代表作，由他和宾夕法尼亚大学校友赵深共同设计。

1934年，范文照设计风格转向现代建筑。集雅公寓是范文照设计的最具代表性的现代建筑风格作品。关于集雅公寓建造的时间，坊间多有以讹传讹，连上海辞书出版社2010年出版的《徐汇区地名志》、中国建筑工业出版社2015年出版的《中国近代建筑师系列·范文照》也误作1942年建。但据郑时龄先生考证，集雅公寓建造时间应在1933年。为了确证这一时间，我专程到上海图书馆近代文献部察看了民国二十五年三月出版的第二十四期《中国建筑》杂志。该刊《上海贝当路集雅公寓建筑说明及插图》一文，刊有《集雅公寓侧面立视》《集雅公寓之正面立视》《集雅公寓正门进口处之一》《集雅公寓侧门进口处之二》四幅照片，由于缩微胶卷投射到屏幕上灰暗不清，似乎还不能确证其究系建筑效果画还是实物的照片。但在该文第11行有这样一句话："故所得成绩，颇受业主及住户之赞赏！"此话意思基

范文照
(1893—1979)

本可以确证，写作此文的 1936 年，集雅公寓确已交付住户
居住了。

集雅公寓的场地是不规则地形，范文照以"T"字形布
局，两侧留出进出口的车道，东南侧设一露天停车场，建筑
临街面（北面）是一完整的体块，"T"字形的凹角处（南
面）则成为小区步道及景观绿化。公寓中间主要单元为 7
层，东西两端单元为 4 层，都设有专属出入口。中间主要单
元（321 号）设 2 个四室户和 6 个一室半户，当时以小家庭
及单身独居住户为主，但各个层面的一室和两室由一个总门
进出，里边设有四居室，可一家独居，亦可分割成两家。每
户均采套间及凹室配置，厨房较小，而起居间较大。每户都
设有内阳台（向南、向东西面），增加室内采光与通风，卧

集雅公寓

室设壁橱。在处理完内部功能后，接着"美化"建筑形式，仍不脱他既有的手法——纯粹与精炼。建筑外墙贴黄色马赛克，中部是电梯与楼梯，其外墙面施以垂直向水泥线板，线板间隔是竖向窗，东西两端单元楼外墙则做垂直向长框，这三部分构成强烈的竖向线条语言，其他墙面开设不带装饰的矩形窗，规矩排列着。

范文照在此项目中，合理地分配使用面积，在增删调整后，提出合宜、方便的公寓模式。临街面的一层部分是可出租的店铺，当年开了一家俄国面包房，很受公寓内住户的欢迎。面包房的主人是一位胖胖的白俄妇女，手艺堪称一绝。棍状的法式面包、两头尖的枣核形法式酸面包、松软酥脆的牛角包、带果仁的全麦面包……还附带出售一些奶酪、黄油、豌豆汤、烟熏红肠、俄式渍蘑菇和黄瓜等。集雅公寓楼下的大门是玻璃门，外面还有一扇铁栅栏门。面包房女主人的丈夫人高马大，像《静静的顿河》里的葛利高里，是集雅公寓的门卫，身后永远跟着一条目光如炬的德国牧羊犬，随时准备扑向任何一个可疑人，曾经吓退过试图冲进公寓劫掠的国军逃兵。

由一流建筑大师建造的集雅公寓321号401室（一说402室），1947年住进了一位同样一流的规划大师，他就是毕业于利物浦大学和伦敦大学的陈占祥。梁思成在给北京市长聂荣臻的推荐信中说："陈占祥先生在英国随名师研究都市计划学，这在中国是极少有的。"的确，陈占祥是英国皇家规划师学会第一次吸收的中国会员。他有幸成为剑桥城和"大伦敦计划"（Greater London Plan）的规划师贺尔福、阿伯康培两位学术巨擘的弟子，又有幸成为世界名城北平的规划师，满天霞光照耀着这个29岁中国学子的锦绣前程。夫人陶爱仁不止一次地对家人说："他一生的好运在三十岁之前都享尽了，真不如年轻时多些困苦！"

1947年，在借调到国民政府上海都市计划委员会工作期间，陈占祥提出了开发浦东的计划，原因是上海城市的功能已经饱和，必须向周边疏散。其间，陈占祥与著名建筑师陆谦受、王大闳、郑观宣和黄作燊共创"五联建筑与计划研究所"。黄作燊教授是导演黄佐临的弟弟，毕业于现代派建筑重镇英国伦敦建筑学院及美国哈佛大学，师从于世界著名的现代派建筑大师格罗皮乌斯，他曾在巴黎与现代派建筑的另一位大师勒·柯布西耶也有过亲密的接触。1940年回国后开始筹建圣约翰大学建筑系。抗战胜利后，江南园林大师陈从周受聘，教授中国建筑史。陈对黄的悼亡诗云："青衫

陈占祥
（1916—2001）

不浸寻常泪，只叹生前未报恩。"陈占祥游说黄作燊夫妇同行北上，不久，家住劳利育路（今泰安路）的黄作燊说，将由太太程玖到贝当路集雅公寓来谈他们的决定。

门开了，站在门前的那个窈窕美丽的黄太太伸出双臂，同陈太太礼节性地拥吻一下。当陈占祥走向黄太太时，她张开双臂扑进他的怀里，"哦，查理！我再也不可能回到北平了……"霎时在陈占祥怀里泪如雨下。陈占祥轻轻拍了拍她的背说："作燊的选择一定有他的道理，圣约翰建筑系是他一手建起来的，就像他的 baby，自然舍不得离开……"程玖的美貌在波士顿的中国同学之间颇有名气。麻省理工的李耀滋先生有一次驾着私人飞机飞到她住处盘旋，空投了一盒巧克力和鲜花向她求爱，在中国学生之间引起轰动。程玖在圣约翰大学教授英文课，不少男生戴着墨镜来上课，为的是能瞟一眼而不被察觉，可见其美貌动人。1952 年院系调整后，黄作燊去了同济大学，程玖则去了上海第一医学院教英文，成了外语教研组主任。

1949 年 5 月 25 日雨后拂晓，陈占祥端着一大锅牛肉汤，夫人臂挽着一藤篮小瓷碗，从集雅公寓大门出来，走进浑身湿透的战士中间。"小兄弟，喝碗热汤吧，淋了一夜雨，都冻坏了。"小战士腾地跳起来，连连摆手，行了个军礼："谢谢大哥大嫂，俺是人民子弟兵，俺有'三大纪律''八项注意'。"端着牛肉汤的陈占祥夫妇站在晨曦升起的贝当路上，热泪伴着歌声流淌，回到公寓的四楼时，陈占祥拿起写字台上的机票，撕得粉碎。能带领出这样一支军队的党，一定是值得托付、值得生死与共的。

此刻，26 箱书籍已经从集雅公寓送达码头，准备运往香港，他原本将在那里与应香港总督之邀参与香港城市规划的导师阿伯康培会面。这是三年前陈占祥从英国运回来的。他一生都酷爱着书。在英国读书时，花 50 英镑买了一本 18 世纪版本的《建筑十书》，当时在拍卖行已值 3 000 美元。他还有本中世纪阿尔培蒂《论建筑》的原版书。据梁思成说，在莫斯科的国家图书馆里，这本书被小心翼翼地罩在一个玻璃罩子里，每天翻一页供人们阅读。这个版本在世界上仅存 12 本。1980 年英文版的《大百科全书》在中国发行出售。陈占祥兴高采烈地花 600 块钱买了一套回来，相当于近两个月的工资。据说全北京只有两套是私人购买的。

陈占祥、梁思成把积蓄于生命中的智慧和激情，都绽放于《梁陈方案》里。他们多少次地谈论过如何保护这座辉煌的城市，这座数百年前就有着严谨完美的规划，被世人称为另一部《永乐大典》的伟大城市。这是两位受过完整西方教育的知识分子的呕心沥血之作，也是他们奉献给古都北京的一份未来发展的蓝图。新华社记者王军说，在复建的永定门前，应该为梁思成、陈占祥二位先生立一块纪念碑，纪念《梁陈方案》的失败。陈占祥曾经说过："我忘不了许多愉快的日子，那是与梁先生夫妇、金岳霖先生一起畅谈。"梁思成曾对知识分子沙龙予以很高评价，他说："不要轻视聊天，古人说，'与君一席谈，胜读十年书'。从聊天中可以学到许多东西。"陈占祥的丰富知识、思维方式，甚至襟怀气质，得益于耳濡目染的贺尔福沙龙。这个沙龙像小联合国，聚集着李约瑟、梅纽因等利物浦大学及英国科学文化界的精英。陈占祥为了参与北平城规划，放弃了博士学位提前归国，可是命运不济，受《梁陈方案》之累，被打成右派。改革开放后，当女儿竭力挽留他定居美国时，他毅然决定返回祖国。他曾经说过："信仰是一种神圣的奉献，如果付出什么，是为了得到什么，甚至是加倍地获利，那就不是信仰了，而是一种交易。"

驰骋"文武两条战线"的老革命

　　20 世纪 50 年代入住集雅公寓 321 号 12 室的曹漫之，无论如何不会想到，几年前四楼的邻居陈占祥，就是因为自己主持起草的第三野战军《入城三大公约十项守则》，改变了人生的轨迹。

1949年2月，陈毅司令员交给野战军司令部城市政策组组长的曹漫之一项重要任务——起草第三野战军入城纪律。曹漫之根据指示主持起草了《入城三大公约十项守则》，将"不住民房店铺，不准打扰戏院和一切娱乐场所"放在了第二条。没想到，部队在讨论时炸开了锅，不赞成的声音居多。陈老总把桌子一拍："这件事就这么定了，说不入民宅，就是不准入！天王老子也不能改！"上报党中央后，很快就收到毛主席电报批示："很好！很好！很好！很好！"1949年5月25日，第三野战军九、十兵团各部队进入上海市区时，夜晚都露宿街头。"不入民宅"，就是这样一条纪律，赢得了当时上海六百万人民的热烈拥护，各界群众涌上街头，载歌载舞热情欢迎解放军。许多老上海至今把"解放军不住民房睡马路"传为美谈，曹漫之出色地完成了这项重要任务。

中华人民共和国成立后，曹漫之首倡"大城市中区作为一级政权"，领导对上海妓女的取缔、改造工作，向陈毅市长建议将鲁迅墓迁至虹口公园。改革开放后，历任市社联秘书长、市政协法制委副主任、华东政法学院副院长、教务长等职，兼复旦大学教授、华东政法学院教授，创办《民主与法制》《法学》等杂志，主编《中国青少年犯罪学》《唐律疏议译注》，填补了学科空白，被称为"来自草根的传奇英雄、自学成才的著名教授"。1952年在"三反"运动中，有人诬告他用美国进口的20桶汽油清洗位于太原路200号的

曹漫之
(1913—1991)

家里（原汤恩伯故居）墙壁油漆，因"浪费国家财物"被开除党籍，撤销党内外一切职务，调离上海市委，到最高人民法院华东分院编纂室当了一名研究员。

曹漫之并不气馁，更不荒废，他把注意力转移到了中华传统文化上去。曹漫之喜欢荀慧生的京剧、蔡正仁的昆曲、沈尹默的书法，有很多画家朋友。谢稚柳、唐云、陈佩秋、胡铁生、韩蹬飞、白书章、李研吾等都是家中常客。客厅墙上悬挂沈尹默、唐云、谢稚柳、陈佩秋、程十发等大家的字画。每每相聚，夫人蔡志勇的冬瓜肉馅水饺、韭菜馅包子、绍兴花雕，都是他们的最爱。酒至半酣，泼墨挥毫，高山峻岭，气象万千。花鸟鱼虫，跃然纸上。在革命老干部玩友中，曹漫之是领军人物。曹漫之藏有谢稚柳、唐云的画作各 300 多幅。他总是动脑筋出题目要谢稚柳作画。新中国成立初期，陈毅任上海市长时，谢稚柳就为他画过白松鹰。这几位爱好绘画的老干部当年都是陈毅的部下，也是从曹漫之开始，每人都有一张谢稚柳画的白松鹰。谢稚柳画了有一二十幅之多。

中央美术学院教授宋韧等创作的油画《拂晓》，现收藏在上海中华艺术宫里。当与曹漫之谈起这一创作时，他详细介绍了参与起草入城守则的一些细节。最初的构图只有一个中心，即老战士与小号兵酣睡在大厦基柱前。后来他们想突出陈毅、粟裕在部队的作用，欲将他俩视察露宿街头的战士的场景安排在画中。就这一虚构情节是否合适，征求曹漫之的意见。曹漫之看后大声叫好，并说："这样处理，你们的油画就与原来露宿街头的照片拉开了距离，这才叫创作啊！"由此可见，曹漫之的艺术修养是超人一等的，当年"胶东第一才子"之誉果然名不虚传。

曹漫之的山东老乡朱道南，也是一位"又文又武"的老革命。他搬入集雅公寓 321 号 36 室的时间较晚，大概在1978 年左右。20 世纪 60 年代初期，以他撰写的回忆录《在大革命的洪流中》为底本拍摄的故事片《大浪淘沙》，一经放映，红遍大江南北。朱道南曾任上海市房地产管理局党委书记和副局长，其文学素养和书法艺术水平都相当高，是中国作家协会会员，亦是中国作家协会上海分会理事。这在他这个层面的干部中并不多见。他的书法秀美、流畅，具有深厚的功力。不料为了这本书，他在"文革"中却受到了残酷的政治迫害，身心受到了严重摧残，从此他的健康状况每

朱道南
(1902—1991)

况愈下。

　　据杜宣回忆，1928年春天，朱道南所在部队与彭湃同志汇合，后来和张发奎的部队遭遇，因敌我悬殊，他所在的连，只剩下他一人。当时他打摆子，病得厉害，就在山上一个山洞中休养，昼伏夜出，吃生地瓜，喝稻田中生水，十分艰苦，勉强活命，本来已经浮肿的他，全身又长满了疥疮。不久敌人搜山，他不幸被抓走了。朱道南外表有两个特点：一是肤色特殊，全身皮肤除面部肤色一致外，浑身白一块，黄一块，褐一块，花花黎黎，落了一身"花丝葛"；二是行动特殊，高大魁梧的身材，走路却迈不开大步，蹒蹒跚跚，好像小脚女人。这是他蹲国民党监狱时造成的。他这个出生入死、掌握大权的房地产管理局党委书记，一家四口却长期挤在20多平方米的两间屋子里，屋里空荡荡的，竟然没有像样的家具，简直令人难以置信。有一次闲聊，他笑着说："共产党员上级一条命令，打起背包就走，要家具做啥！"1950年，组织上决定把他的行政级别从十级套定为九级，被他婉言谢绝了。老老少少见了他都尊敬地叫他"朱书记"，可他却没有一点架子。有一次党委瞿秘书，因公去朱道南家，其子叫了声"小瞿"，朱道南马上指出："爸爸单位的同事，你应该称瞿阿姨。"这件事至今传为美谈。

朱道南依据所经历的这段革命史，出过两本书，其中有他本人的影子。但不知是年久记错，还是艺术加工，或是当初他为教育年轻一代而把革命品质集中于一人。《大浪淘沙》里的靳恭绶，是他最亲密的战友，我们从靳恭绶的性格中能看到项羽奋臂举鼎、张飞吼声断桥、鲁智深倒拔垂柳的影子。1962年，有人在朱道南的《回忆广州起义》里，惊奇地看到，在白云山上将迫击炮筒扛在肩头射出杀敌炮弹的，竟是朱道南本人！他分明故意不让别人知道自己就是那位炮手。朱道南曾经说过："靳恭绶说，个人算什么？革命是群众的事业，只有在群众斗争的洪流里，个人的作用才能形成一小朵小朵的浪花。只看着自己的鼻尖，得失呀，能耐呀，眼光太窄了，生命的源泉也容易枯竭……"

中华人民共和国成立初期，集雅公寓321号51室还居住过共和国开国少将梁辑卿。关于集雅公寓里为何南下干部特别多的原因，有一种说法是，当年许多南下干部开始都住在衡山饭店里，后因急需安排苏联专家住处，有不少南下干部被转移安排到了附近的集雅公寓和西湖公寓居住，其中就包括梁辑卿。解放战争时期，梁辑卿参加了著名的济南战役，所在的39师被评为"执行政策的模范"。新中国成立后，历任13军39师政治委员、华东军区直属政治部主任、华东军区工程兵政治委员。1955年被授予大校军衔，荣获二级独立自由勋章、一级解放勋章。1961年晋升为少将军衔后搬走，由罗竹风迁入居住。1970年任安徽省军区政治委员，后兼任安徽省委书记。1977年2月7日在北京逝世，终年65岁。

编辑同样是"人类灵魂的工程师"

罗竹风与曹漫之、祝百英可谓同事兼邻居。罗和曹当年都是舒新城执掌《辞海》时的第一届编纂委员会副主任，分任上海市出版局局长和上海市社科联秘书长。20世纪60年代初，梁辑卿少将从集雅公寓321号51室迁出后，罗竹风入住，直至1996年去世。祝百英家1954年搬入，原住321号52室，曾经跟上官云珠邻居，后因怕吵，于1955年搬至楼下34室。该楼311号31室包文棣和321号65室张之凡都是出版界知名人士。

罗竹风是著名语言学家、宗教学家。早年在北京大学求学，曾任山东抗日民主政府平度县县长，1943年后任胶东文化协会研究部部长、山东大学教务长等职。新中国成立

罗竹风
(1911—1996)

后，曾先后任上海市出版局代局长、上海市社科联主席、上海市语文学会会长、《辞海》常务副主编、《汉语大词典》主编等职。

罗竹风认为，编辑和作家、教师一样，同样是"人类灵魂的工程师"。1962 年 5 月 6 日，罗竹风以"骆漠"为笔名，在《文汇报》上发表了一篇题为《杂家》的杂文。仅仅为"编辑"这个行当说了几句公道话，就遭到了姚文元的无限上纲批判。1966 年 8 月起就被抄家，家徒四壁，大量图书、字画被抢，连瓷花盆也难逃厄运，被摔得粉碎，家中大部分房间被封，只留下靠近门口的两小间，全家只好睡在地板上。十一届三中全会之后，他继续撰写杂文，又连续发表了《再论"杂家"》和《三论"杂家"》。当年在北大国文系求学的罗竹风听了鲁迅的两次演讲，其中在北平师范大学的演讲，记忆尤为深刻，鲁迅发表了著名的《再论第三种人》的讲演。罗竹风于20世纪60年代提出的"编辑是杂家"的思想，是迄今为止对编辑工作内涵和编辑人员素质的揭示中最准确、最概括的论述，成为对编辑的一种美誉。

在北大求学期间，他听说牧师宋尚杰博士在山东老家为瘫痪18年的母亲戴玉兰祷告说："我不过是块木头，你必须彻底倒空罪恶，神的力量才能医治你。"戴玉兰流泪认罪。宋博士大声喊着说："我奉主耶稣的名，叫你站立起来行走。"话音刚落，戴玉兰便双手松开侄女的肩头，从背上滑到地面上站立着，在场的信徒都高兴地跳跃起来。会后，母亲步行十余里走回了家。罗竹风不相信什么"神迹"，但他也不能否认母亲又重新站起的事实，觉得宗教似乎有一种神秘的力量。后来宋牧师送他一本《圣经》，他深入其间，对宗教产生了极大的兴趣。大学期间，除主修中文外，还集中选了哲学系的课，特别是偏重于宗教方面的，并师从汤用彤、熊十力、许地山、马叙伦等老师，以打开心中疑惑，由此开启了他的宗教研究之门。

20世纪80年代初，罗竹风率领上海学者到北京开会，和那里的宗教学者争论，打了一场学术界的"南北战争"。因为事关"宗教是否是鸦片"的议题，又被戏称"第三次鸦片战争"。罗竹风说，老祖宗讲的不一定句句都是真理，起码这句话就有片面性。如果把马克思说过的某一句话从他的前言后语中孤立出来，断章取义，那必然会"差之毫厘，谬以千里"。事后，罗竹风一笑了之，诙谐地说这是"舌战群儒"。1990年，中央统战部在文件中采纳了"宗教与社会主义制度相适应"的说法，"第三次鸦片战争"的胜负，应是有了定论。

在罗竹风的领导下，上海这个老出版基地，焕发出勃勃生机，出版了一大批在全国极有影响的高质量、高品位的优秀图书：上海人民出版社的哲学、经济、党建、中国断代史、少数民族史的图书，在全国一直处于领先地位；上海人民美术出版社的连环画，深得广大读者喜爱，出版量占全国连环画总量的三分之一；上海少年儿童出版社的《十万个为什么》，陪伴和影响了无数青少年成长；《辞海》编辑所的《辞海》，更是代表了国家科技文化研究的最高水平。罗竹风任出版局长这一时期，是上海出版工作最好的时期之一。

从1958年到1965年，罗竹风自始至终参与了《辞海》的修订编纂工作。那时办公的浦江饭店没有空调，因为风雨无常，窗户不敢全开。电扇也不敢从上往下吹，更不敢横着吹。于是只好把电扇放在地上吹，大家戏称"轻风吹拂我的脚"。通常是脚吹凉了，上身还汗流浃背，想吹上身者就好弯下身子，或坐在地上吹一会儿。罗竹风因为胖，极易出汗，所以大多数时候，他都只穿着短裤，赤膊上阵，右手挥笔，左手则拿着手帕或蒲扇。1979年版《辞海》出版后，洛阳纸贵，供不应求；20世纪80年代，每年竟然发行几十万套。《辞海》常务副主编、上海辞书出版社原社长巢峰说："罗竹风既是编纂未定稿的领导者，又是编纂者、审定者，是用力最多的一个。从头到尾，通读过《辞海》（未定稿）全书的，唯罗老一人。"

祝百英平时喜欢喝咖啡，尤其酷爱摄影和西洋音乐，家里的老式留声机里，常常低回着《尼伯龙根的指环》《黑桃皇后》《自新大陆》等古典音乐，他还喜欢民乐，收藏了《梁祝》《祖国颂》《社会主义好》等唱片。夫人孙苏华是其莫斯科中山大学的同学，早年毕业于保定女子师范学校。她特别喜欢养金鱼，有一回花店老板居然介绍住在马路对面的张瑞芳前来取经，她们一回生，二回熟，后来居然成为了"鱼友"。

1925年冬，南洋大学第一届中国共产党支部成立，祝百英与张永和、陆定一、费振东等都是成员。同年，他在上海交通大学肄业后，由组织推荐于次年进入莫斯科中山大学学习。这是苏联政府在莫斯科举办的一所专门培训中国革命干部的学校。主要学习语言、历史、哲学、政治经济学、列宁主义、经济地理和军事学7门课。在莫斯科中山大学求学期间，祝百英担任学生会主席。毕业后，祝百英又被推荐到培养人文社会科学理论人才的红色教授研究院深造。1930年回国后，祝百英历任上海法政学院、上海暨南大学、广州中山大学教授，香港《星岛日报》社总编辑。1936年中国哲学会成立时，祝百英与金岳霖、冯友兰、贺麟、宗白华、汤用彤等6人任常务委员，负责日常会务工作，第一届委员会由黄建中、方东美、宗白华、张君劢、范寿康、林志钧、胡适、冯友兰、金岳霖、汤用彤、贺麟、祝百英12人组成。

中华人民共和国成立后，祝百英曾任上海交通大学和上海财经学院教授、中华书局《辞海》编辑所编审等。在参加《辞海》（未定稿）的编辑、修订工作时，经常搭乘邻居罗竹风的公车一起上班，最忙的时候吃住在浦江饭店不回家，夫人孙苏华经常带着外甥女祝小曼前去看望送东西。作为哲学家和经济学家的祝百英，专著有《社会科学讲话》《经济核算制纲要》《哲学与社会科学》等多部，译著《两种制度》《苏联银行学》《厂内经济核算》等多部。

包文棣，笔名辛未艾，性格耿直，不苟言笑，曾任上海译文出版社总编辑，译著《克雷洛夫寓言集》获第二届文学翻译奖三等奖。一生埋头从事俄文译介俄国三位文学理论大师别林斯基、车尔尼雪夫斯基、杜勃罗留波夫（即大家熟知的"别车杜"）的作品。别林斯基本来由满涛翻译，但满涛在"文革"后期去世，译完了"车杜"的包文棣继承满涛未竟事业。翻译"别车杜"这个工作是极其艰巨的，既要有很高的文学修养，又要熟悉这几位文学大师所论的文学作品。包文棣几乎是用殉道的精神来对待《别林斯基选集》的续译工作的。他惯常的工作时间：上午9时30分起至下午1时30分；下午3时30分起至5时；晚上8时30分起至零时30分。包文棣的喜怒哀乐也往往与"别林斯基"有关，有时为一词所"憨"，他会愁容满面，或者干脆扔下笔出去散步；有时因为解决了一个疑难问题，他又会像孩子一般高兴，说要去买些好吃的来"犒劳"家人。他因患白内障，眼睛几近失明，必须借助手电筒的强光才能看清原著，一笔笔在文稿纸上写下"出格"的大字，而眼睛与书页、稿纸的距离仅仅只有三到四厘米！2002 年 12 月 22 日，包文棣突发脑溢血逝世。

张之凡自幼随其父、著名连环画画家张令涛学画。长期在上海少年儿童出版社任副编审，为少儿读物创作插图和装帧设计。他最重要的作品就是为《十万个为什么》设计了封面，受到小朋友们的热烈欢迎。装帧设计代表作有《趣味地理》（获 1986 年第三届全国书籍装帧艺术展览三等奖）、《少年自然百科辞典》（获 1986 年中国图书奖），以及《十万个为什么》《儿童科普佳作选》《少年摄影》《少年彩灯制作》等。

堪称"半个跨国电影剧组"

居住过集雅公寓的电影明星都特别出名。电影戏剧编导徐韬，著名电影表演艺术家张瑞芳、舒绣文、上官云珠、赵抒音，扮演白求恩的美籍人士谭宁邦，一个个耳熟能详的大明星在此安家，集雅公寓里的演员阵容堪比"半个跨国电影剧组"。

徐韬住在集雅公寓 321 号 17 室、18 室。他在上海曾经住过愚园路，那个大院里还住着张瑞芳、朱今明等电影厂同事；20 世纪 50 年代搬到集雅公寓。他家书架上有很多中外文学名著，比如《莎士比亚全集》《鲁迅全集》《红楼梦》《三国演义》《水浒传》，还有《柏拉图对话》《希腊神话》《文艺复兴》《法国电影新浪潮》等。1935 年加入中国共产党，是个理想主义者，非常有同情心，充满了人情味。他参加筹组昆仑影业公司，在影片《一江春水向东流》中担任助理导演；接着与王为一联合导演了欧阳予倩编剧的《关不住的春光》，获得好评；并参与创作电影剧本《乌鸦与麻雀》，由此获得中央文化部1957年颁发的一等金质奖章。上海解放后，曾任新建的上海电影制片厂秘书长、文化部电影局艺术委员会秘书长等职。徐韬的创作承继了20世纪30年代以来的现实主义传统，努力探求民族化和大众化，在风格上深沉凝练，自然畅达，充满生活情趣。

舒绣文、上官云珠和张瑞芳三位齐名的电影表演艺术家，可谓殊途同归，从三条不同的道路最终走到同样的艺术高度。张瑞芳在学生时期就参加党领导下的进步戏剧活动，根正苗红；舞女出身的舒绣文半路在重庆加入进步电影戏剧活动；上官云珠则一直在十里洋场孤身拼搏，最终也投身到进步电影戏剧活动，她们最终都登上了中国电影艺术的高峰。她们三人迁入集雅公寓的原因各异。舒绣文因与上海电影制片厂同事吴绍苇结婚，解放初期搬入，时间最早。上官云珠次之，她在与程述尧离婚后由复兴西路迁入，与贺路同住。最后是张瑞芳与严励夫妇，"文革"期间因受到迫害，由衡山路288号公寓迁来。

1949年后，舒绣文在政治上迎来了属于她的火红时代，很快入了党，因主演经典老电影《一江春水向东流》，当上了全国人大代表和政协委员，在文联、剧协、妇联、友协等社会团体中拥有一大堆头衔。而丈夫吴绍苇仍然只是个电影厂的小制片，与舒绣文生活在一起，两人有了巨大的反差。1954年，夫妻分居。三年后，舒绣文要调到北京人艺去，

舒绣文
(1915—1960)

希望吴绍苇也去，可他断然拒绝。临走前两个人又谈了一次，吴绍苇还亲手做了两道上海菜：金针菇烧烤麸和腌笃鲜。舒绣文哽咽着说："十几年夫妻做下来，我还是诚心劝告你，跟我去北京。"吴绍苇说："你这样说我很感动，我不阻拦你，你也别阻拦我，你给我一年时间考虑考虑，然后我再答复你。"舒绣文只好点头，也只有点头……

　　一般认为，上官云珠在上海一共住过五个地方。1939年，她从老家江阴长泾镇辗转来到上海，客居哥哥马当路弄堂的房子。在淮海中路542弄10号巴黎大戏院（今淮海电影院）边上的何氏照相店当开票小姐时，她和哥哥、父母一起住在蒲石路（今长乐路）庆福里236弄18号的弄堂房子。1943年与姚克结婚后，他们在法租界永康别墅里安了家，

上官云珠
(1920—1968)

并在 1944 年 8 月产下女儿姚姚，1946 年离婚。1951 年，与
程述尧结婚后，住在复兴西路 147 号的一幢西班牙风格建筑
的三楼，与柯灵、董竹君为邻。1951 年他们有了新的爱情
结晶，他就是韦然，原名叫程彭，小名唤作"灯灯"。后上
官云珠因程述尧涉嫌贪污与之离婚。1956 年，她与贺路住
在建国西路 641 号四楼。但很少有人提起她在集雅公寓居住
过。即使有人提到集雅公寓，也是张冠李戴误将建国西路的
房子当作集雅公寓。上官云珠曾经回忆，她记得很清楚，毛
主席第一次接见她那一天，她扮演女主角符若华的《南岛风
云》杀青不久，她正和贺路搬家，在建国西路房子里整理东
西。据集雅公寓老住户祝小曼介绍，上官云珠 1955 年前后
曾与贺路和女儿姚姚短暂居住过集雅公寓，而且还住过该公

寓的两处地方：321号52室和311号21室。程述尧带着儿子灯灯来此看望过姚姚。赵丹、黄宗英等同事还经常来此串门，玩闹时钻到桌子底下躲猫猫。邻居祝百英夫妇就是因为嫌太吵，才搬到楼下34室去住的。由此推断，上官云珠是从集雅公寓搬至建国西路的。

自从那次受毛主席接见后，上官云珠还先后五次见过毛主席。上官云珠曾经写过一篇文章，名字叫《向毛主席保证》，发表在1961年《上海电影》六月号（总第8期）上。"向毛主席保证！"这是儿时伙伴们之间，取得相互保证的一句话。通常用于做了"坏"事的时候，伙伴之间怕对方泄密时的一种保证，有些一诺千金的意思。据上官云珠回忆，她于1956年1月10日、1957年4月14日、1958年接连两次、1959年4月6日、1961年劳动节先后六次见到毛主席。她在这篇文章结尾处保证："要和摄制组的全体同志们一起，把体现您关心人民健康的伟大思想的影片《枯木逢春》拍摄得更好，也要尽自己的努力帮助青年演员，同时，扮演好自己的角色——方妈妈。"

1946年，她代替路明在上海剧艺社排演郭沫若编剧的《孔雀胆》一剧时结识了阳翰笙。阳翰笙与她的一次谈话，引起了她的深思，使她获益匪浅。阳翰笙极其欣赏她的表演："上官，你是一位素质很好的演员，好演员就得找好戏来演，咱们以后写点好戏出来一块搞，好吗？"她理解到，阳翰笙是教诲她演戏要有选择。抗战胜利后，阳翰笙奉周恩来的指示，来上海开展进步的电影工作，他和司徒慧敏与蔡楚生、史东山等人成立组织联华影艺社，拍摄了《八千里路云和月》和《一江春水向东流》的上集《八年离乱》，轰动了中国影坛。1947 年 5 月，在筹备《一江春水向东流》下集时，阳翰笙同她通了消息，上官云珠饰演汉奸商人温经理的姨太太、国民党接收大员张忠良的姘头何文艳。后来她又被阳翰笙点将，在阳翰笙和沈浮编剧执导的影片《万家灯火》中饰演一位小市民的妻子。在蒋家王朝即将被摧毁之日，拍摄这些影片，上官云珠充分意识到这就是在参加革命工作。拍完后又转到《乌鸦与麻雀》拍摄中，上官云珠和沈浮、王林谷、徐韬、赵丹、郑君里、陈白尘、魏鹤龄、孙道临、黄宗英、吴茵、王蓓、李天济等一批杰出的电影艺术家们团结一起，与国民党当局的疯狂迫害和阻挡，进行了顽强的斗争。人的一辈子如果能够遇见改变其命运的"贵人"，该是多么幸运啊，对上官云珠来说，阳翰笙就是这样的人。

当秋天一到，浓雾笼罩，整座山城都隐在白茫茫的雾中，敌机几乎找不到轰炸目标了。每当这个时候，重庆话剧演出的黄金季节就到了。如果说，阳翰笙是上官云珠的"贵人"，那么曹禺就是张瑞芳的贵人。抗战初期，张瑞芳去国立专科学校选听曹禺、黄佐临等老师的课。张瑞芳在中央青年剧社首演了张骏祥导演的曹禺的新作《北京人》，在剧中扮演愫方。曹禺看了《北京人》的演出，非常满意，表扬说："瑞芳，你演的愫方，确实是我笔下的愫方，我看了很感动！我还想给你写个戏，让你扮个新娘子，从结婚那天演起，一直演到死。我设想，她死的时候，天上下着鹅毛大雪，让人感到她的纯洁和善良！"后来曹禺在唐家沱写出了根据巴金小说改编的话剧《家》，就是为张瑞芳写的戏。曹禺明确宣告："哪个剧团演这个戏都可以，但是有一条，瑞珏这个角色非要张瑞芳来演不可。"最后，《家》的首演权，交给了于伶、宋之的、金山、司徒慧敏等领导的中国艺术剧社。导演是章泯，金山扮演觉新，张瑞芳扮演瑞珏。

在张瑞芳的成长道路上，周恩来作为她的党内单线联系人，给予了她长期的鼓励和关照。1938年10月，张瑞芳参加了戏剧节的压台戏《全民总动员》的演出。参加演出的演员有赵丹、白杨、舒绣文、高占祥、魏鹤龄、王为一等。张瑞芳在剧中扮演一个与父亲失散的小难民芳姑。周恩来得知《全民总动员》的演出盛况后，非常高兴，在曾家岩50号接见了曹禺。夏衍的新作《芳草天涯》生动地演绎了流亡到大后方的知识分子所遭受的生活悲剧。导演是金山，张瑞芳扮演女主角孟小云。在演完最后一场时，有人告诉她："你母亲从延安来了。"一见到母亲，张瑞芳就扑在她的怀里，埋头哭了起来。周恩来在百忙中做了具体安排，将张瑞芳的母亲从延安接到了重庆，秘密接进了八路军办事处。

1951年，张瑞芳参加了电影《李双双》拍摄，扮演的李双双大公无私、泼辣大胆、敢于斗争、善良热心、胸襟坦荡、不记私怨，还有一点可爱的"疯劲儿"和"傻劲儿"，受到了广大观众的热烈欢迎。周恩来曾对张瑞芳说："演古人比演当前的人容易，因为没人见过他们。演现实生活里的人不容易，因为人人都能看出来她像不像。"李双双是她在

张瑞芳
(1918—2012)

银幕艺术创造上的一个高峰，1963年她获得了第二届大众电影百花奖最佳女主角。"文革"期间，张瑞芳一下子变成了"无产阶级专政的对象"，被关进"牛棚"里写交代，儿子严佳变成了"黑六类"的狗崽子。1969年12月17日，她被专案组定性为"犯了严重错误的人"，并进上海郊区的"五七干校"两年。1973年，周恩来总理提名，让张瑞芳参加以廖承志为团长的中日友协访日代表团访问日本。邓颖超大姐派汽车将张瑞芳接到家中。张瑞芳像一个受了委屈的孩子，哭诉着在"文革"中的遭遇。

赵抒音1951年迁入集雅公寓331号14室，直至2002年去世，是居住时间最长的一位。她从20世纪40年代开始从事电影戏剧活动，先后在重庆、上海主演过《还我故乡》

《清宫外史》《蜕变》等电影、话剧。1949年11月入上海电影制片厂任演员，先后拍摄过《聂耳》《今天我休息》《李双双》《金沙江畔》《年青的一代》《渡江侦察记》《春苗》《蓝光闪过之后》《子夜》等影片。她从影近六十年，拍摄过近四十部影片，尤其是在《今天我休息》中扮演的马天民的女友、邮递员刘萍，表演纯朴、自然，给观众留下很深印象。

居住在集雅公寓321号48室的谭宁邦，原名杰拉尔德·坦纳鲍姆，出生于美国巴尔的摩市。1946年作为联合国善后救济总署的军官来到中国。1947年退伍，回美国前夕的一次聚餐会上，宋庆龄请他参加中国福利基金会的工作，谭宁邦欣然同意，成了中国福利基金会总干事，宋庆龄的英文秘书。在担任宋庆龄秘书期间，曾帮助美国人阳早、寒春见到周恩来并投奔共产党控制的地区。1949年后，谭宁邦主管了上海儿童剧院等项目，还在上海的几所大学教授美国文学和英文。曾经在中国电影《停战以后》中饰美方代表费丁、《白求恩大夫》中饰白求恩、《林则徐》中饰颠地。他本人并非专业演员，不过在电影中偶尔客串而已。但是，他所扮演的白求恩大夫的伟大形象却永远给人们留下了不可磨灭的深刻印象。

儒商任百尊

任百尊和夫人张文凤分别毕业于复旦大学土木工程系和统计系。他历任上海锦江饭店经理，上海大厦经理，上海国际饭店经理，上海市机关事务管理局副局长，上海市旅游事业管理局副局长，锦江集团总经理、董事长等职。任百尊三代同堂，他家原本住在永嘉路，1966 年 8 月被抄家三天三夜后"扫地出门"，赶往上海天目中路 200 号老北站后一幢老工房五楼居住。"文革"后别人住房政策相继落实，只有他说："让别人先落实，人家比我们困难。"1984 年他家搬到集雅公寓 321 号 31 室居住，直到去世。身为中国最大的旅游饭店业巨子的掌门人，他常年穿一双圆口黑布鞋，着一身洁净工作服，从不去娱乐场所，也不嗜烟酒，居室内是陈旧的家具，破旧的沙发。可任百尊亲自接待过世界上 134 个国家和地区近 15 000 名贵宾，其中包括 544 位国王、总统和总理。他接待过的国家领导人很多：毛泽东、刘少奇、周恩来、朱德、邓小平、叶剑英、李先念、胡耀邦、江泽民、朱镕基等。陈毅喜欢戏谑地称呼任百尊为"任老板"，《美国经济导报》曾经说"任百尊这样的企业家当时整个中国大陆约有 20 位"。

任百尊被业界推崇为"中国第一美食家"。任百尊酒店服务哲学是"小事做透、大事做精、凡事做细"。菜谱是饭店服务水平的体现，凡贵宾莅店，一律由他亲自审定。1982年 9 月 25 日，他为船王包玉刚宴请英国首相撒切尔夫人定的菜单是：花色冷盘（川味）、八小碟（川味）、清汤宫燕鹌鹑蛋（粤味）、金华凤翅（粤味）、滑炒大虾仁（粤味）、焗蟹斗（西式）、冰灯冰糕（西式）和萝卜丝酥饼（扬点）。他了解邓小平爱吃川帮红油饺子和鱼香茄子，不喜欢改良的法式菜，对 20 世纪三四十年代的正宗法式大菜十分执着，同他政治上始终如一的坚定相吻合。陈毅则更爱吃麻婆豆腐和干烧鲫鱼。1959 年 4 月 2 日，八届七中全会在上海召开，代表住宿在 18 层楼，国家及各省的省委第一书记共 200 多人出席了会议。当时正是"三年困难时期"，国家领导人主动提出不吃猪肉，以素代荤，锦江饭店的食谱每天翻新，但都是素食。餐后国家领导人对锦江小礼堂十分满意，后来到上海多次在锦江饭店居住和办公。

文化俱乐部被列为八届七中全会会场之一。有关方面认为，一群赤身裸体的外国女人的雕像，不符合当时人们的价值取向和审美情趣，便下令将浮雕全部毁掉。任百尊思量再三，选用了质地看起来相似的木料，把所有的柱子封上，再用油料和涂漆粉刷一遍，让外面看起来协调美观。这个小小的动作，瞒过了当时参加会议的所有人，而木板里的裸女浮雕则被保护下来，隐藏了近三十年。

1996 年，《中国新闻报》连续 70 天长篇连载《儒商任百尊》，并于次年由汉语大词典出版社出版。1997 年 12 月 11 日，任百尊因心脏病在上海华东医院病逝，享年 77 岁。

凯文公寓往事谈

吴志伟

　　确切地说，凯文公寓有两幢。坐落在衡山路 525 号的是北幢，俗称"大凯文（开文）"；南幢与其为邻，地址是建国西路 750 号，即"小凯文"。这是国人的称呼，西人是把它们分为 A、B 公寓。建国西路的那幢据称建于 1932 年，故称为 A；衡山路的这幢建成于 1933 年，故称为 B。虽然初期在《字林西报·行名录》中有相反的记载，但是 1936 年起就没有搞错了。

公寓的建造与名称含义

　　大凯文由当时远东地区及上海滩赫赫有名的英资建筑与工程事务所公和洋行设计，钢筋混凝土结构。占地面积 480 平方米，建筑面积 4 800 平方米，附屋 104 平方米。主楼坐西朝东，外观设计简洁，具有现代风格与装饰艺术的特征。建筑外观采用中间隆起，两侧阶梯式向下的设计手法。底层红砖清水墙面，二层以上皆是黑色花铁栏杆的封闭阳台，间

凯文公寓

以白色窗间墙，形成强烈的水平线条。层间使用暗红色的墙面砖作为装饰，与公寓浅黄色水泥沙浆外墙形成了色差与材质的鲜明对比，具有显著的现代风格特色。公寓阳台栏杆与门框上的几何花纹图案大气简约并富有装饰性，艺术装饰特征贯穿于公寓室内外各个细节部分。该公寓是公和洋行从中国大陆撤出前的后期代表建筑之一，现被上海市人民政府公布为市优秀历史建筑。

至于层高，据 1934 年 8 月 14 日《申报》："Cavendish apt. 仝右　九层一座　五层一座。"有一些书籍或文章说是十层。笔者仰头数了一数，似乎是九层；问了一下现在在那里的服务人员，也说是九层。可能局部有十层吧。

《申报》
（1934 年 8 月 14 日）

这幢大楼，当年的记载中没有相应的中文名称。通常一幢大楼建成后，所取名称总是有含义的，或以所在地路名取名，如贝当公寓；或以历史上名人取名，如华盛顿公寓；或以某国地区取名，如毕卡第（法国北部的大区）公寓。

Cavendish，现在通常译为"卡文迪什"。历史上较为著名的人物有四个：一个是 Cavendish Lord Fre-derick Charles（1836—1882），英国政治家。德文郡公爵第七的次子。1865 年进入议会。前此一年与格莱斯顿夫人的侄女露西结婚。格莱斯顿很赏识他，特别是在 1872 年让他充当私人秘书以后，即把他视为议会中自由党未来的领袖。卡文迪什自 1880 年起任财政部财务大臣，成为首相兼财政大臣格莱斯顿的得力助手。格莱斯顿后来叫他担任爱尔兰事务首席大臣。他于 1882 年 5 月 5 日夜渡海前往都柏林。第二天傍晚与爱尔兰事务部常务次官托马斯·伯克一道徒步经过凤凰公园时，两人同时被秘密团体"常胜军"的成员刺杀。一个是 Cavendish George（1500—1561／1562），英国廷臣、作家，只写过一部《枢机主教沃尔西传》，因此博得小小的但是永久的名声。由于他是天主教徒，该书的全本在伊丽莎白一世时代未能问世，但是因为它具有资料和文学价值，手抄本曾经广为流传，为后来的编年史、诗歌和戏剧提供了素材，如莎士比亚的《亨利八世》，就是从《枢机主教沃尔西传》取材的。另一个是 Cavendish Henry（1731—1810）18 世纪和 19 世纪初英国物理学和化学家。曾用扭力天平验证万有引力定律，从而确定引力常数和地球的平均密度。他的研究和贡献是多方面的，1871年他的家族为了纪念他，在剑桥大学创立卡文迪什实验室。还有一个是 Cavendish Thomas（1560—1592），英国航海家和海盗，进行环球航行的第三个人。作为地名，在加拿大爱德华太子岛国家公园西端的沙滩附近有一个叫 Cavendish 的村庄，可能于1772年以陆军元帅 F. 卡文迪什之名命名。

如果凯文公寓是以人名命名并且就在上述人之间的话，Cavendish Lord Fre-derick Charles 的可能性比较大。1927年11月4日上海跑马总会举行的秋季赛马中，有一匹马叫老特卡文狄虚，其西文名为 Lord Cavendish；1928年2月25日，上海贝百赛马举行，第三场（次）跑一圈半、跳浜赛，由史登伦骑着这匹老特卡文狄虚获得第二名。这个理由好像有点好笑，不过仔细想想的话，Lord Cavendish 相比而言，应该还是比较有名气些，用做公寓名的可能性要大于其他 Cavendish 的。

大凯文公寓的住户

据说，凯文公寓最初是一位名叫奥尔加的俄国皇室公主在上海的避难官邸。如果说那位皇室公主在这里避难，也许有这个可能，但这话听起来好像这幢大楼是她所造，那这个就不太可靠了。根据《字林西报·行名录》（上海卷），1934—1941年的住户可见下表：

1934—1941 年凯文公寓住户表

	1934 年	1935 年	1936 年	1937 年
1	Dr. M. C. Fellows	Dr. M. C. Fellows	Dr. MacClellanC. Fellows	Dr. MacClellanC. Fellows
1A		D. H. Schoenfelder		
2	Mrs. A. C. Cuthbert	Mrs. A. C. Cuthbert		Mrs. A. C. Cuthbert
2B	F. S. Ward	Mr & Mrs F. S. Ward		
3	E. W. Turnbull	E. W. Turnbull	Mr & Mrs E. W. Turnbull	Mr & Mrs E. W. Turnbull
			Miss Betty MarleTurnbull	Donald L. Smith
4	H. F. Van Eck			R. Jobez
5	A. C. Hall	Mr & Mrs A. C. Hall		P. B. Havens
6	Mr & Mrs J. Lourquin	Mr & Mrs A. A. Dorrance	Mr & Mrs A. A. Dorrance	
			W. Palmer	W. Palmer
7	H. Schoenfelder	H. Schoenfelder	Dr. H. Schoenfelder	Mr & Mrs M. J. Harris
8		W. H. Plant	Mr & Mrs W. H. Plant	Mr & Mrs W. H. Plant
			E. O. Henser	
9		S. T. Bitting	S. T. Bitting	Mr & Mrs R. P. Newell
10	G. F. R. Jackson	G. F. R. Jackson		Mr & Mrs B. O. Baldwin

	1934 年	1935 年	1936 年	1937 年
	K. Bloch			
11				E. W. Turnbull
12				W. C. D. Taylor
12B				
14	Mr & Mrs C. L. Seitz	Mr & Mrs Carl. L. Seitz	R. F. LeFevre	Mr & Mrs E. F. Stanton
15	C. R. Chuso	Mr & Mrs W. Trlebig	Mr & Mrs W. Trlebig	C. L. Cowrady

	1938 年	1939 年	1940 年	1941 年
1	Mr & Mrs W. D. Pearson		W. Palmer	Mr & Mrs C. L. Oliphant.
1A	Mr & Mrs JulinsKleffel			Mr & Mrs I. C. M. Pemberton.
2	Mr & Mrs A. G. Asseier	Mr & Mrs A. G. Asseier	Mr & Mrs A. G. Asseier	Mr & Mrs A. G. Asseier
2B				
3	Dr. MacClellanC. Fellows	Dr. MacClellanC. Fellows	Dr. MacClellanC. Fellows	Mr G. F. C. Corfield
		M. R. Fellows		
4			F. C. Jordan	R. H. Sharp
5	John Young	Mr & Mrs J. Haynes Wilson	J. Haynes Wilson	J. Haynes Wilson
				W. Lisser
6	Dan C. Reib	Dan C. Reib	Dan C. Reib	L. C. McCants

	1938 年	1939 年	1940 年	1941 年
7	Mr & Mrs Morris J. Harris	Mr & Mrs S. Bishoprick	Mr & Mrs S. Bishoprick	Stanley Bishoprick
	M. McDonald			W. J. Cannon
				G. de Jonge
8	Mr & Mrs W. H. Plant	Lt. W. P. Kenny	Lt. W. P. Kenny	L. A. Greenhalgh
9	S. T. Bitting	Mr & Mrs K. K. Rounds		K. K. Rounds
	B. L. Meyer			
	R. P. Newell			
10	Mr & Mrs A. Piercy	Rev & Mrs J. N. Lewis Bryan	Mr & Mrs A. Piercy	Mr & Mrs A. Piercy
11	Mr & Mrs E. W. Turnbull	Mr & Mrs E. W. Turnbull	Mr & Mrs E. S. Thellersen	Mr & Mrs E. W. Turnbull
				Miss Betty Marie Turnbull
12	W. C. D. Taylor			
12B		Mr & Mrs W. C. D. Taylor	Mr & Mrs W. C. D. Taylor	Mr & Mrs W. C. D. Taylor
14	Mr & Mrs E. F. Stanton	Mr & Mrs E. F. Stanton	Mr & Mrs E. F. Stanton	Mr & Mrs E. F. Stanton
15	C. L. Cowrady	W. Triebig	Mr & Mrs R. H. Hubbard, jr.	Mr & Mrs W. Triebig

需要补充的是，表中有些住房空着，这个不能肯定没有人住，而是住户可能不需要登录在《行名录》上。从该表也可以看出该公寓是用于出租的，因为有些房屋的租客变化较多。如1室，最初是美国人福乐士所住，他是个开牙科诊所的；1938—1940年搬到了3室居住。1938年，1室的住户为沙逊银行的皮尔松和其夫人，1940年变为美孚行的佩尔门，1941年为老中庸洋行的奥林福特和其夫人所住。又比如10室，分别住过英商卜内门洋碱有限公司的杰克森、美商花旗银行的拜德稳和其夫人、英商怡和洋行的皮尔克和其夫人等。

　　从这些名单中还可以看出，除了个别名称不能确定外，基本上都是外国人，其中不少还是有些职位的人物。比如1934年住在2室B的华得，是上海总会的总办。上海总会又称英国总会，是旧时上海成立最早、时间最久的总会，为新中国成立前上海三大总会之首。其会员都是有点头面的人物，沪西人以能成为其会员为荣。有会长、副会长，日常管理事务的是总办。1935年，华得在该住所与其妻同住。1935年住在8室的普兰特是美国钢铁公司经理，从1936—1938年与其妻同住。1937—1938年住12室的泰乐是英商颐中烟草股份有限公司浦东分部主管，1939年和其妻子住在12室B，一直到1941年太平洋战争爆发（以后情况不详，其他住户1941年时也如此，不一一写明）。2室，1938—1941年住着阿赛尔夫妻，阿赛尔为美商大通银行几个在业务上有签字权的高层人员之一，地位仅次于银行副总经理。5室，1939年住户是威尔逊夫妻，1940—1941年，美国工程师、美商上海电话公司副总裁和代总经理的威尔逊独居。7室，1937—1938年住户是哈吕实夫妻，哈吕实为美国联合通讯社社长。9室，一直住着美国花旗银行的高管，1935、1936、1938年为毕庭，1937年纽威尔夫妻，1939年罗尔慈（副会计）夫妻，1941年罗尔慈独居。14室，从1937年至1941年住着司丹顿夫妻，司丹顿是美国驻沪领事署外交官。

从已知人员的国籍看，公寓内美国人比较多，这应该和住宅的建筑风格有点关系。"装饰艺术派"建筑在建筑史上的真正影响，是它在美国的大普及。在欧洲越来越多的先锋派建筑师把装饰看作是与现代建筑的设计原则格格不入的多余物的时候，美国的许多城市却欣然接受了"装饰艺术派"这样一种既符合美国传统对建筑的"装饰艺术性"的要求，同时又非常"现代"的建筑新风格。而上海"装饰艺术派"建筑的流行，则与美国几乎完全同步。这个时髦的建筑风格，上海的美国人和英国人也非常欣赏。和"小凯文"内住户相比，这里住户的职位要高出不少，因为"小凯文"里的住户几乎找不出什么有地位的人物。

1949年后的变化

1949年后，由于多种因素，凯文公寓成为国有资产。在很长的一段时间内，建筑本身没有什么变化，只是在附屋上加建了一层。这个附屋现在是"秋海堂艺术空间"和联艺·凯文酒店行政人员办公室。

到了1997年，新成立的中国国有房地产开发企业上海徐房集团对该幢大楼进行了全面整修，并对内部结构进行调整与装修，改建成酒店式公寓，底层以沿街商铺取代了原有的锅炉房与水泵房，并开设了凯文咖啡餐厅和一家美发厅。2005年10月31日，上海市人民政府将大凯文公寓公布为市优秀历史建筑。

在几十年的时间里，公寓作何用处，没有什么资料透露。不过根据建筑本身的结构，应该还是作为旅馆一类比较合适。能够顺利地进行改造，也说明公寓本身并没有成为居民的住所。改建后，一度由上海市体育运动委员会使用，常常作为申花足球队队员的下榻地。

2008年，公寓在原有的基础上再次进行了小规模的改造。2009年3月，改造后的公寓式精品酒店开业，装饰艺术被巧妙地运用在房间与公共空间之中，大量怀旧元素、物件被设计成现代风格。改造后的酒店成为上海第一个无烟公寓式酒店，共设有各式客房39间，改名为"联艺·凯文公寓"。

二三知己，到那咖啡厅坐坐，享受着阳光的沐浴，望望那已经成为民居的"小凯文"，相互交流瞬间的感受，那是非常惬意的。

从毕卡第公寓到衡山宾馆

惜　珍

宛平路与衡山路相交处的衡山路 534 号坐落着城市经典地标之一——衡山宾馆。宾馆的正立面正对着马路的转角处，建筑空间开阔，十分高调地矗立在那里，令过往行人瞩目。

这是一幢有传奇故事的建筑。岁月风尘掩盖不了它曾经的风华，梧桐树旁，它高大的身影一如既往地鹤立在路口，犹如一位白发智者笑容满面地俯视着周遭的变迁。

曾是上海豪华家庭式公寓楼典范

衡山宾馆的前身是毕卡第公寓。1932 年，上海万国储蓄会决定做大上海的房地产投资，于是决定由万国储蓄会名下的中国建业地产公司投资建造一幢现代化的豪华公寓大楼，以满足当时在上海日渐庞大的外国商人和华人大亨阶层置业需求，于是就有了毕卡第公寓。

万国储蓄会的历史最初可以追溯到清朝末年，当时有一个叫盘滕的法国人跑到上海来淘金，在烟馆里结识了中国人

昔日毕卡第公寓

今日衡山宾馆（贺平 摄）

唐伯超，在烟榻上大谈生财之道。盘滕想开办银行，因为自己没有太多本钱，于是就想到一个投机做生意的办法，在法租界先是开办了一个小额储蓄机构，并用每月开奖的方式来吸引储户。后来，盘滕又拉拢了两个法国人加入，一个是经销三星牌白兰地和香水的龙东洋行经理希古，另一人名法诺，此人在法租界公董局很兜得转，于是四人合计开办万国储蓄会。之所以称之为万国储蓄会，是因为股东和参加储蓄者不受国籍限制。上海商界领袖人物虞洽卿等任万国储蓄会监察。1912 年 9 月，万国储蓄会开业，联手集资者还有法国商人信孚洋行老板麦地、司比尔门、中国人叶琢堂等。储蓄会规定连续存满 20 年后一次性偿还本金、利息和红利，储蓄会从储金中提取 25% 的金额作为奖金，每月开奖一次，奖品有洋房、汽车，奖金则数千元、数百元、数十元不等，吸引了大量储户。储蓄会实际上发行的是"债券"，可以转让但不能提前支取，储蓄会积累储户财富后再以高额利息放贷给他人，同时自己也拿储户资金于 1920 年建立了中国建业地产公司。董事会成员大多居住在法租界，看到上海西部有着诱人的发展前景，就利用巨额储蓄金在上海西部购置了大量地产，准备建造房屋出租盈利。建业地产公司在这一带兴建了许多高中档里弄住宅、高级公寓以及花园洋房，如金陵东路外滩、淮海中路、常熟路附近以及徐家汇一带都有他们的房地产。万国储蓄会也建造了不少公寓，其中包括皮恩公寓、泰山公寓、诺曼底公寓（今武康大楼）、盖司康公寓（今淮海公寓）等，高度都不到 10 层，设计相当时尚，建成后，出租率都很高。

20 世纪 20 年代末，由于正处在世界经济大萧条之时，劳动力十分低廉，大量建筑材料滞销，加上上海地皮的昂贵，房地产商纷纷把投资目标转向高层公寓。建业地产公司也在这股建造高层公寓的潮流中顺势而为，决定建造更高档的公寓。万国储蓄会名下的中国建业地产在当时已是上海的主要房地产开发商之一，很快，建业地产联手当时上海地产业四家"王牌"——潘荣记、胡顺记、利源记以及陈永兴，一起承建了毕卡第公寓。1934 年，毕卡第公寓正式落成。这座具有现代主义风格的欧式建筑，一夜之间成为当时上海西南部最高的建筑，开发商希望在当时已在上海形成一定规模的旅沪法国人中打出名气，于是决定以当时法国最富裕的毕卡第省来命名这座全新的豪华公寓楼，以此暗示入住此楼者非富即贵，于是该楼就被命名为毕卡第公寓。

毕卡第公寓的建筑风格属于典型的 Art Deco 风格，这在 20 世纪二三十年代的欧洲特别流行，后来又流传至美国，在纽约建筑界也红极一时。Art Deco 中文译作"装饰艺术设计"，即英文"Decoration Art"的缩写。承担毕卡第公寓设计工作的是法国设计师米由第，他是现代主义建筑的倡导者，因此在装饰艺术尚盛行于上海公寓建筑的 20 世纪 30 年代，他将毕卡第公寓设计成一幢典型的现代派建筑。公寓地处衡山路、宛平路、建国西路、广元路交汇口的尖角上，有较宽广的开阔地，设计师因地制宜，采取展开式的建筑结构，并采用比较明确的中轴线构图，暗示了环境的轴向，使公寓巧妙地成为周围环境的中心，显得十分宏伟，引人注目。

这幢建筑线条简洁，比例匀称，虚实得体，主楼没有任何非功能性的装饰，完全以整齐的方窗来勾勒公寓的轮廓，以平面凹凸墙角作为自然竖线条，并利用凹凸的外形产生阴影，使建筑形象更加生动。建筑平面呈八字形，大楼最高处在中间，共16层，两边对称地降为13层、12层、10层、9层，成阶梯状递减跌落，主体十分突出。公寓整体呈奶黄色，顶部檐边则用白色镶边勾勒，底下二层以深色大理石作为基座，中部顶层竖立旗杆，这样的配色设计增添了几分现代派的情趣，整个立面显得简洁、明朗、稳重。从远处仰望，大楼主体仿佛一只展翅的雄鹰，又因盘踞街角中心位置，气势上显得尤为宏大巍峨。公寓前有草坪，以减少临街房间的噪音。公寓整体以一种现代的气息替代了传统的欧式建筑的奢华，传递出一种现代的审美理念。

毕卡第公寓的主入口在建筑中轴线的中间凸出处，底层有走道互通东西。底层除了门厅外，其他均为出租店铺，当年就有不少知名店铺入驻其内。楼层为公寓住宅，标准层为5个单元，每个单元一梯两户，分别有电梯、楼梯单独出入，户型有两室、三室、四室等。14、15层为跃层，每层上下各六间。室内一般起居室、卧室朝南，备餐室、餐室、厨房、储藏室、卫生间朝北，中间有较宽的走道。厨房间后部为保姆房，保姆有专用的楼梯上下。公寓内水电煤卫和冷暖设备齐全，厨房内还装有活络烫衣板，每层设置垃圾管道倒入口，底层垃圾箱的清除口用悬吊式，可直接装运垃圾。大楼后侧中间另建有3层螺旋形汽车库。

毕卡第公寓作为当时在上海的豪华家庭式公寓楼的典

范，建筑设计上迎合了众多追崇欧洲流行时尚的西方人的心理需求，公寓落成后仅半年，就已住满了当时在上海的法国、美国、德国、比利时、苏联、丹麦、瑞士等国家的外国人，其中又以犹太裔富商最多。英商上海煤气公司经理、亚洲石油公司中国分公司驻沪代表、大美查账局总经理等一些外资企业高级职员也居住在里面。据说，当年的毕卡第公寓里只住了两家中国人，一家是广东富商谭家，另一家是富商张静江的大女儿张蕊英家。张蕊英和她的几个妹妹从小跟着父母去法国巴黎，先在法国，然后在美国接受教育。张蕊英的丈夫瞿濂甫也是美国哥伦比亚大学法律系的留学生，过惯了西式生活的这对夫妻选择毕卡第公寓作为自己的寓所是很自然的事。后来有上海本地报纸给毕卡第公寓取了一个别名，叫做"万国公寓"。当年，毕卡第公寓还是洋行老板以及达官贵人的居处和活动场所，营造了一种欧化奢华的生活方式，有着一种潜在深处的富足、优雅、浪漫，一度风光无限。

中华人民共和国成立后的第一批涉外宾馆

花开花落总有时，毕卡第公寓的辉煌没能维持多久。

1937年8月13日，淞沪抗战爆发，一些外资公司开始收缩业务，撤离办事人员，致使一些外国人承租的公寓减少了住户，毕卡第公寓也不例外。1941年太平洋战争爆发后，大批侨民撤离上海，或被关押进集中营，毕卡第公寓的房间大部分空置，万国储蓄会被迫撤离上海后，毕卡第公寓被日军强占。抗日战争胜利后，万国储蓄会重返上海，由于储蓄会不能兑现已到期的储户，被国民党政府勒令拍卖地产抵债。毕卡第公寓拍卖后，底层和部分楼层由中法营造厂租用开事务所，大部分房间便被国民党"接收大员"租用。中华人民共和国成立后，上海市人民政府接管了毕卡第公寓，改为专门接待外国专家的招待所。由于新中国经济刚刚起步，对外宾的安全接待工作亦很受挑战。衡山招待所的设立其实在当时是中央交给上海的一项重要"政治任务"，要求尽一切可能让入住衡山招待所的外国专家安全、舒适、满意，衡山招待所也因此成为新中国成立后的第一批涉外旅馆，更由此为日后"升格"为衡山宾馆，承担更多外交及政府公务接待任务打下了扎实基础。当年，外国专家住在衡山招待所时，每到周末，衡山招待所 10 楼的大厅里都要举办舞会，梅兰芳、孙道临、秦怡、刘琼、范瑞娟、傅全香、吕瑞英、王文娟等文艺界名流都来这里跳过舞。

20 世纪 60 年代，随着新中国繁忙外交工作的不断扩展，上海市政府根据北京方面的指示，将衡山招待所"升格"并改名为衡山宾馆，主要功能即作为上海市政府的一个"对外窗口"，接待来上海访问的重要外宾。后几经装修，建筑内部面貌有了很大变化。毕卡第公寓原为公寓建筑，以常住的套房为主，改为宾馆后，原套房中的居家设施被拆除，同时拆除了部分套房，改建为餐厅、会议室等。宾馆公共空间的装修承袭了 Art Deco 风格，蕴积着摩登时代的历史风情，有着极为精致的图案和雕刻，是领略欧洲室内装饰艺术的绝佳之地。宾馆二楼有两个宴会厅，较大的一个名为百花厅，较小的一个名为松鹤厅；三楼衡山厅供举办各类酒会、宴会之用，一直到今天仍是许多上海新娘的婚宴场地心水之选。1988 年上海市政府从接待工作需要考虑，从锦江集团分出衡山宾馆等四家酒店，冠以"衡山"之名成立以"高标准接待基地和高星级酒店"双高目标为发展方向的集团。不过，衡山宾馆虽然豪华，却没有花园，大楼前原先有草坪，后将草坪改为停车场。近在眼前的衡山公园就好比是这幢宾馆的后花园，从衡山宾馆窗口往下看便是衡山公园的一大片碧绿的大草坪，两者相互借景，相得益彰，就这样相看两不厌地彼此厮守了半个多世纪。

多年来，衡山宾馆接待过许多中外名人，包括一代国画大师谢稚柳、朱屺瞻，前美国国务卿基辛格，诺贝尔物理学奖获得者、美籍华人丁肇中教授等。20 世纪 60 年代，在拍摄黄梅戏电影《天仙配》时，黄梅戏名家严凤英、王少舫就住在衡山宾馆。电影《舞台姐妹》在上海拍摄时，剧组主要人员如谢芳、岑范等也住在衡山宾馆。住在衡山宾馆的还有演员杨丽坤（曾在电影《五朵金花》中饰演金花）、山东省京剧院演员方荣翔（曾在电影《奇袭白虎团》中饰演王团长）以及新疆歌舞团团长等。20 世纪 70 年代，苏丹、刚果等国的国家元首也曾入住衡山宾馆。

1962 年衡山宾馆在衡山路上开了扇门，名字就叫衡山饭店，对社会开放，有中餐和西餐供应。当时中餐有川菜、京菜、淮扬菜、福建菜等，西餐主要是法式风味的。衡山饭店还特地请了上海大厦的川菜泰斗冯文宣来掌勺。当时上海的川菜有"一龙两凤（冯）"之说，冯师傅就是其中一冯。

当时的经理张建树对厨房工作非常重视，他对厨房组长姚锡生说："你的主要任务就是照顾好冯师傅，他只要烧菜，厨房里的其他琐事就不要去麻烦他。"冯师傅受到如此尊重，烧菜的热情倍增，他还带过来许多老客户，衡山饭店的生意越来越好。当时住在附近的许多名人都喜欢到衡山饭店来吃饭。这些人中有橡胶大王、酱油大王，伤科泰斗石筱山也经常带着一家人到衡山饭店来吃饭。1962年，衡山宾馆还开了毕卡第西餐厅，主要供应俄式大餐和法式大餐。

衡山宾馆有一道为中外宾客津津乐道的名菜，那就是起源于20世纪二三十年代霞飞路（今淮海中路）上DDS西餐厅的"栗子粉"。1929年，时任DDS西餐厅，也就是当时号称全上海最正宗西餐厅的点心师傅潘博亮自创独家名菜"栗子粉"，开创上海滩海派西餐先河，潘博亮本人亦因此被奉为上海滩"西点宗师"。说起这位潘师傅，他可不是一般人！潘师傅20世纪20年代到上海，先是在淮海路白俄开的DDS咖啡馆担任西点领班，积累了很多经验。20世纪30年代的上海号称冒险家的乐园，许多外国人来上海淘金。一些外国船只到了上海港就停下来检修，一停就是两三个月，船员闲着没事就到上海滩来打零工赚钱。有许多人来到了DDS咖啡馆，他们带来了各国的西点做法。如法国棍子面包，在法国诞生两年就传到了上海，那就是法国人带来的。法国西点是宫廷式的，用料考究，做法精致。潘师傅博采外国西点之长，经过思考改良变成了独树一帜的海派西点。中华人民共和国成立后，白俄回国，DDS关掉。潘师傅到东海舰队做面包点心，给出海的船员带出去吃。1955年，潘博亮师傅被特别聘请至衡山招待所担任厨师长，"栗子粉"优选河北良种栗子为原料，加入樱桃、巧克力丁等配料，煮熟并始终坚持人工亲手磨粉，因为只有老厨师特有经验与手感，才能保证制粉工艺，保留栗子的香滑爽口。再加入特制秘方调料，一份"甜而不腻，细嫩爽滑"的栗子粉就出炉了。敦实醇厚、口感细腻轻盈的栗子泥，伴随奶香和酒香，让人齿颊留香，回味无穷。栗子粉由此在衡山宾馆扎根并声名鹊起，当时常驻上海的苏联专家更是将这道"衡山栗子粉"誉为"东方的西点明星"。随着"栗子粉"的声名远播，荣毅仁等华商亦慕名入住衡山宾馆，特别为品尝"栗子粉"这道名菜。荣先生自己吃还不够，每次还打包，带回香港与朋友和家人分享。当时上海街巷中也流传着"入口栗子粉，润肺爽心门；外带风飘香，夹道也相闻"的民谣。

见证中柬两国友谊的衡山厨师

衡山宾馆名声在外，连中央也知道衡山宾馆有着最好的法式西餐厨师。

1971年，柬埔寨西哈努克亲王来访上海，周恩来总理知道亲王早年在法国留学，喜欢吃法国菜，便要求上海的接待团队选派一名最好的西餐厨师为亲王服务，受命服务的是衡山宾馆的厨师郭万棠。

出生于1926年的郭万棠，1942年起即开始烹饪事业，1976年8月开始在衡山宾馆工作。从事法式烹饪工作数十年，其高超的西餐烹饪技艺不仅享誉上海滩，更受到周恩来、邓小平等老一辈中央领导同志的赞誉。20世纪50年代初，他在西餐馆烹制西餐名菜烙蜗牛，因没有蜗牛，原料不能继续供应，他便使用烙蛤蜊来代替，取得成功。接着他在原有基础上不断创新，把烙鲜贝、蛤虾仁、芥末牛排等名菜烧得更鲜美。1971年2月21日，在衡山集团锦江饭店12楼宴会大厅，欢迎宴会隆重举行。郭万棠为宴会准备了自己擅长的各种法式菜肴。在品尝各式冷盘、烙蛤蜊、芥末牛排、麦西尼鸡、牛尾汤之后，西哈努克笑着竖起拇指称赞："好！这是我到中国后吃到的最好的法式西菜，即使法国人开的餐馆也未必能做得这样好。"当年4月，应西哈努克的要求，郭万棠接到北京的借调通知，赴京到西哈努克的寓所，主持亲王官邸的日常膳食及宴请烹饪。此一去，让郭万棠和西哈努克结下了深厚的情谊。而郭万棠也不再仅仅是上海滩名厨，更成为见证中柬两国友谊的一代名厨。

西哈努克经常在自己的官邸举行宴会，宴请各国政要。为了让宴会上的菜品更加可口，他经常亲自到厨房和厨师们一起做菜。由于郭万棠总是能根据亲王的建议做出新的法式菜肴，所以亲王喜欢和郭万棠一起研究法式菜肴的新做法。每次新的菜肴研制成功之后，亲王都要亲自尝尝，如果菜肴味道好，亲王就会将这个菜肴列入下一次宴会的菜单当中去，请自己的客人品尝。郭万棠在每次做好新菜肴之后，都会将新菜肴的制作方法记录到自己的菜谱当中去。郭万棠把烹饪当成了人生中最大的乐趣，而亲王也是一位美食家，视郭万棠为自己的知己。对郭万棠而言，亲王能够这样看中自己，让自己倍感荣幸，他将西哈努克视为自己的伯乐。

1991 年 11 月,西哈努克返回柬埔寨。离京前,他向我国外交部书面提出,由于公务和外事需要,希望中国政府提供专家组随同赴柬,其中指名要"烹饪专家郭万棠"。于是,已在衡山宾馆工作的郭万棠赴柬,承担了王宫的宴请服务。当来访贵宾们惊叹柬埔寨王宫内竟有如此美味的法式西菜时,西哈努克就会自豪地将郭万棠介绍给宾客,并称郭万棠是自己从中国请过来的厨师中最擅长做法式西餐的。在柬埔寨期间,郭万棠竭力去研究法式菜肴的新做法,每次研究出新菜肴都要让亲王提提建议。郭万棠是一个极其勤勉的人,在柬埔寨王宫,每天早餐开始前,厨师们 4 点下厨房,而郭万棠 2 点就已经起床了。作为主厨,他要在自己的房间提前考虑一下,厨房里有什么食材,今天要做什么菜,之前做的菜有多少天没有做了,亲王最近应该是喜欢吃什么。4点时,他便会准时到厨房,告诉自己的徒弟今天做什么菜,具体怎么做后,就会带着徒弟一起做。日复一日,郭万棠都是 2 点起床为亲王准备早餐,从未出现过差错。

　　郭万棠在做菜上也经常创新。一次偶然的机会,郭万棠看到一本法式菜谱里面的奶油蘑菇汤是红色的,因正常情况下汤的颜色应该是白色的,他便仔细研究了菜谱,发现原来这种奶油蘑菇汤中的蘑菇在中国是没有的,菜谱中用番茄替换了蘑菇,所以汤的颜色才是红色的。郭万棠按照菜谱,将这个红色的蘑菇汤做了出来,发现味道更加鲜美。由此他举一反三,不断创新法式菜。他认为,中国的法式菜应该分为两大类:一类是地地道道的法式菜,严格按照法式菜谱的食材来烹饪;另外一种便是中国化的法式菜,即将法式菜中中国没有的食材用其他的食材代替后烹饪出的新式菜肴。然而，不是任何食材都可以代替的，这需要一次次的烹饪实验。郭万棠根据中国和柬埔寨当地不同的口味，创新出一道道中式法国菜和柬式法国菜，得到国内外宾客们的一致好评。

独具一格的创意海派西餐

1843 年上海开埠后，随着外国商人的到来，西餐在当时以西方人为主的上流社会流行开来，到了 19 世纪 80 年代，大量中外商会如雨后春笋冒了出来，上海滩才开始出现向社会开放的西餐馆。特别是俄国十月革命后，一大批白俄贵族流亡到上海，造成了上海西餐的空前繁荣。当时的上海滩，人们以吃西餐为荣，认为这是一种时尚。随着西餐在上海滩的流行，西餐开始作为一种新颖的餐饮文化传播开来，逐渐形成了特色鲜明的海派西餐，即在西餐上做了不少本地化的创新。衡山宾馆的一批西餐老师傅传承经典，以法式为主，同时强调融合创新，将欧陆西餐融为一体，保留了一批上海人至今耳熟能详、口味纯正的西餐。

20 世纪 60 年代，衡山宾馆栗子粉声名鹊起，受到国内外食客的好评追捧，这道栗子粉被誉为"东方的西点明星"，这款西点也成为上海的招牌甜点之一。如今，在保有原有独特风味的基础上，衡山宾馆西餐大师继续在栗子粉的调料、塑形等方面不断钻研进取，实现了这道传统名点的跨世纪发展。潘博亮师傅的传人回到了衡山宾馆，老上海人记忆中的那一口栗子香，只有在这里才能尝到阔别已久的老味道。

俄式土豆沙拉是一道传统沙拉，由上海著名西餐厨师郭万棠创立。培根、鸡蛋、甜菜、胡萝卜、土豆、青豆等简单的食材，经过郭师傅的巧心搭配，令对餐饮水平要求很高的西哈努克亲王赞不绝口，成为他在中国最喜欢的一道沙拉。如今，这道沙拉仍是衡山宾馆受欢迎的西餐之一，很多老上海人慕名而来，他们记忆中的土豆沙拉就是这个味道。郭师傅的徒弟保留了传统的配方，但在摆盘上采用现代艺术装饰，为这道经久不衰的俄式土豆沙拉，赋予了新意和活力。

衡山奶油千层酥是媲美经典栗子粉的又一经典。它由三层咖啡色的千层酥皮，夹两层吉士酱制成。其特别之处在于，酥皮更具脆性而不易碎。原料是纯牛油加面粉，材料虽然简单，但酥皮的制作过程却极繁复。师傅先把面皮放进机器反复搓压，再用手工不断重复折叠，然后用高温小火慢烤两小时后立即冷冻片刻。在烘焙时，面皮中的水分受高温气化，面皮在水蒸气的冲击作用下膨胀开来，形成层次分明又焦香脆口的酥皮。当中的鲜奶油也是一比一混合吉士酱机器加手工打发而成。衡山宾馆的西点厨师别出心裁在酥皮之间加上新鲜的草莓和芒果，再淋上糖粉，令味道更加丰富而清甜。品尝过的客人说，只有吃过这里的奶油千层酥，才能真正体会千层酥与鲜奶水果融合的层次与口感。

衡山宾馆的宫廷烤牛排是经过大厨细心研究改良过的西式菜肴，每一块牛排坚持选用 24 个月的牛仔肋骨为原料，历经层层筛选、逐一对比，切块、腌制、煎烤等十几道工序，无论是色泽还是口感均略胜一筹。以主厨独家秘制的调料煨口，烘焙烤炙近两小时，鲜嫩肉质的自然甜味与浓醇的味噌、番茄沙司酱料相伴起舞，醇厚肉香在口中层层绽放，犹如奏出一曲美妙动人的交响曲，令食客赞不绝口。在众多的汤品中，甜菜冷汤也是最受欢迎的夏季汤，鲜艳夺目的色彩来自红甜菜根。衡山宾馆的西餐大厨保留了这道俄罗斯名菜的精华，用大量甜菜以及各种蔬菜熬成蔬菜汤，最后再加上奶油，口味浓香。这道汤有消热解毒、利肝健胃等效用，尽管它的口味平淡，但香艳的色彩却令人一看就垂涎欲滴，真正是应了秀色可餐的老话。

今年76岁的应关葆师傅在衡山宾馆工作了一辈子。他17岁进衡山宾馆，2002年退休，整整在衡山宾馆干了43年，2014年又被衡山宾馆聘请回来工作。应师傅是土生土长的上海人，1942年出生于上海，家住在国际饭店后面的新闸路。父母是裁缝，家中兄弟姐妹9个，5儿4女。应关葆是老二，上面有一个姐姐。1959年，他初中毕业后考取了高中，但为了减轻家庭负担，放弃了。当时，上海机关事务管理局下属的和平饭店、上海大厦、华侨饭店、国际饭店、锦江饭店和衡山招待所等六大饭店招收服务员和中西厨师，时年17岁的应关葆应聘录取后被分配到了衡山招待所，专门负责接待社会主义阵营专家的日常生活，其中苏联专家最多，还有捷克斯洛伐克、罗马尼亚、德国、波兰、匈牙利等国专家，他们到上海时就住在这里。应关葆被分配到西点部，跟着潘博亮师傅学做西点。他住在衡山招待所里，每天清晨4点钟就要起来发面。潘师傅不但教他如何做西点，还在生活上关心他、爱护他。潘师傅最拿手的白帽蛋糕,上下7层,异常精致,是一些大型酒会和派对上的必点品,每年的国庆招待宴会上也都要请潘师傅做白帽蛋糕。潘师傅每年都是衡山宾馆先进工作者,在师傅的言传身教下,应关葆迅速成长起来。他进来三年后就入了团,后来又担任了机管局团委委员、衡山宾馆团支部书记。1962年,衡山宾馆还开了毕卡第西餐厅,主要供应俄式大餐和法式大餐。法式大餐由郭万棠主厨,俄式大餐由任玉堂主厨,应关葆和他的师傅负责西点的配置。当时,衡山宾馆住了不少苏联专家,早餐供应萝尔小面包,一天要用去一百斤面粉,应师傅每天清晨和面和得汗流浃背。

1979年,应关葆成为衡山宾馆工会副主席。1985年,出任衡山宾馆餐饮部经理。20世纪80年代,刘海粟、唐云、谢稚柳、朱屺瞻、陆俨少、刘旦宅、吴青霞等著名画家都曾在衡山宾馆住过。有一次,经理和负责餐饮的应师傅到朱屺瞻住的客房里,问朱老如何安排他的三顿饭,有何要求一定尽量满足。朱老说了些自己的饮食习惯,应师傅根据他的要求精心安排,临走时,朱屺瞻还特地画了两幅画送给他。刘海粟在衡山宾馆住的时间很长,他对服务要求比较高,感觉不满意就会毫不客气地提出来。衡山宾馆也尽量根据他的要求改进服务,刘海粟住得很满意。衡山宾馆的张德才师傅专门负责为其理发推拿,他非常满意,离开衡山宾馆时还特地写了"妙手回春"四个字送给张师傅。衡山宾馆的宴会厅经常会承办许多会议的宴会,每次都会根据会议主题,精心设计,用糖做出一个很大的西点。如航海会议就用糖衣做一艘大船；中国女排来此开会，就做一只大的排球蛋糕；女足来开会，就做一只很大的足球蛋糕。

打造具有文化特色的地标性酒店

2008 年，衡山宾馆荣登中国五星级酒店之列。

为了全力打造具有文化特色的地标性高星级酒店，不断挖掘酒店历史文化背景，树立精品高端的酒店品牌形象，从 2016 年开始，衡山宾馆与上海电影博物馆、大隐书局等沪上知名文化企业单位强强联手，进行广泛的、深度的跨界合作。2016 年 5 月 21—24 日，上海电影博物馆在举办"生而为影——米开朗基罗·安东尼奥尼回顾展"时，与意大利驻沪总领事馆文化处共同邀请意大利导演马里奥·嘉纳莱与当代艺术家陈传兴为上海影迷主讲两场，这次活动得到了衡山宾馆的支持，大师们也都对衡山宾馆的服务非常赞赏。2016 年是中国与奥地利建交 45 周年，特举办迈克尔·哈内克电影回顾展，奥地利学者伊莎贝尔·魏德在上海电影博物馆举办讲座，为上海影迷深入分析哈内克的电影创作，探寻奥地利电影的创作语境，衡山宾馆继世界顶尖电影大师安东尼奥尼回顾展后，再次成为大师级影展的独家合作酒店。2017 年 4 月 22 日，正值"世界读书日"来临之际，衡山宾馆又跨界牵手大隐书局、大隐精舍联合举办了一系列精彩纷呈的主题活动。作为此次活动的主角，台湾著名词人、诗人、导演方文山先生莅临衡山宾馆。方文山这次带来了三场关于文化、历史和阅读的讲座。他停留上海期间，下榻衡山宾馆，对于衡山宾馆提供的客房、餐饮等服务给予了好评。酒店的高水准服务给他留下了深刻的印象。临行之际，方文山将其亲笔签名的新诗集《如诗一般》赠送给了衡山宾馆，并祝衡山宾馆的未来如诗一般美好。衡山宾馆还与上海电影博物馆携手共同举办了中国摇滚之父崔健上海行主题活动，取得了国内歌迷、影迷、文化界人士的广泛关注，进一步推广了衡山宾馆的品牌形象，也使酒店品牌市场的关注度和知名度有了一定程度的提升。

2016年8月底，由上海第一财经发起的"双城日记"第二季公益慈善活动入营仪式于上海衡山宾馆举行，6位来自云南怒江泸水县平安寨的小朋友和6位来自上海的小朋友参加了此次6天5晚的活动。衡山宾馆作为爱心企业和主要活动赞助单位，参与了这次"让来自云南怒江泸水县平安寨的小朋友走出家乡，来到另一座城市"的梦想之旅，为云南山区儿童和城市儿童建立梦想与沟通的桥梁，为他们的健康成长与身心发展提供帮助。衡山宾馆党团组织在送上关爱的同时，也接受了一次深刻的教育。在上海打工的妈妈在衡山宾馆遇到自己的孩子后禁不住喜极而泣。2016年12月16日夜，衡山宾馆爵士之夜活动在Art Deco风格的毕卡第咖啡厅举办。世界顶级爵士乐队The North作为演出嘉宾，为在座的所有宾客奉上了一场精彩绝伦的Live演出，展现了爵士乐无与伦比的魅力。活动期间，毕卡第咖啡厅座无虚席，在餐厅搭建的充满圣诞味道的演出舞台上，The North成员为宾客们带来了多首Solo表演，优雅的爵士乐，令在场的宾客们无比陶醉。

2016年12月23日，衡山宾馆与上海歌剧院举行了跨界战略合作伙伴的签约仪式。作为一次跨行业的牵手，两家分属不同行业的大型事业单位，以文化共建的形式"联姻"，通过资源共享，共同携手，为衡山宾馆营造丰富多彩的文化氛围。自2017年开始，衡山宾馆通过与上海歌剧院合作，吸引了大批世界重量级音乐人和团体光临衡山宾馆，如日本天王级音乐教父谷村新司和小室哲哉、世界爵士鼓王安东尼·桑切斯、美国爵士萨克斯大师Jalee Shaw乐团、爵士萨克斯大师Eric Marienthal及Lao Tizer乐团、爵士钢琴大师David Braid乐团、柏林交响乐团、罗马尼亚云雀乐团、美国阿卡贝拉演唱团、格莱美奖爵士乐艺术家等。据统计，衡山宾馆在2017年1—12月共接待了世界著名音乐家和乐团共计30余批。这些音乐家入住衡山宾馆期间，对于衡山宾馆提供的客房、餐饮等服务给予了好评，酒店的高水准服务给他们留下了深刻的印象。酒店员工热情周到的服务以及衡山宾馆优美的住宿环境令音乐家们赞赏不已，有时还会即兴来几段演唱。卡拉巴萨斯学生全明星合唱团还在宾馆大堂即兴演唱起中国歌曲《好一朵美丽的茉莉花》，赢来住店客人的关注。在小室哲哉先生一行入住衡山宾馆时，不少热情的日本粉丝闻讯赶来一同下榻衡山宾馆，表达对自己偶像的支持与喜爱。临行之际，小室哲哉先生对此次酒店的接待人员表示了感谢，并称非常喜欢衡山宾馆闹中取静的优雅环境。音乐家们对宾馆高品质的服务赞誉的同时，纷纷表示以后如果有机会再次来到上海，仍会选择衡山宾馆作为下榻酒店。音乐家们在他们演出结束离开宾馆之际，纷纷拍照留念，全亚洲家喻户晓的殿堂级音乐大师谷村新司更是在印有衡山宾馆 Logo 的纪念品上亲笔签名，同时在他的个人主页上"晒"出他在衡山宾馆入住期间的照片，以表达自己对上海的感谢与不舍。衡山宾馆充分利用接待服务优势，在国际国内的音乐和艺术圈内形成了良好的口碑，树立了高层次的企业形象，既积累了一定的高层次客源，也弥补了传统淡季客房出租率较低迷的短板。无论入住的客人是音乐家还是普通客人，都一视同仁，始终本着"温馨似家、亲切细腻、周密适宜、专人服务"的理念用心接待每一位客人，给予每位宾客高品质的入住体验，这是衡山宾馆一贯坚持和追求的。

2018 年 2 月 9 日，衡山宾馆在三楼百花厅与上海歌剧院联合举办了一场高品位的迎春客户答谢会。在答谢会上，上海歌剧院演员们演唱了许多著名的中外歌曲以及歌剧《卡门》《图兰朵》等选段，男子独舞《回不去的故乡》、女子独舞《爱莲说》动人心魄，最后全体演员演唱的《举杯吧，朋友》更是把演出推向了最后的高潮。精彩纷呈、别开生面的歌剧选段和舞蹈表演给在座的来宾带来了听觉和视觉上的盛宴，让他们度过了一个难忘的下午，对衡山宾馆倡导的文化品位留下了深刻的印象。

满庭芳：百代唱片公司旧址

淳　子

一、前世

　　大约在 1897 年，留声机和唱片出现在上海。

　　此时，有个法国人来到上海，中文名：乐浜生（E. Labansat）。

　　起初，他走街串巷，做拉洋片的小生意。再后来，他从洋行里买了一架大喇叭手摇留声机以及法国版的唱片《洋人大笑》等作品，在南洋桥一带设摊播放。特别是仅 2 分 23 秒的《洋人大笑》，销路极佳。

　　1908 年，乐浜生在南洋桥附近租房成立了公司，最初称为"柏德洋行"，1910 年 4 月，改称东方百代唱片公司（Pathe Orient Co.），销售唱机和唱片。

　　1914—1917 年间，乐浜生将公司迁至谨记桥徐家汇路 1434 号，即今日的衡山路 811 号。这是中国第一家外国唱片公司——法商百代（Pathe）唱片公司，商标"雄鸡"。

　　民国年间，中国最具实力的唱片有三家，分别是百代、胜利、大中华，均设址上海。

1930 年，法商百代唱片公司在生意逐渐惨淡的处境下，将产业转让给英商电气音乐实业公司（EMI）。

1931 年，两家唱片公司合并重组之后，英文名为：Electric and Musical Industries，简称 EMI。于此，原先的法商东方百代唱片公司更名为上海百代唱片公司，亦称 EMI 上海分公司，继续沿用"雄鸡"商标；从录音到唱片等一系列设备和技术升级换代，拥有正式员工 300 多名，成为东亚地区设备最先进、产量最高、影响力最大的唱片企业。

20 世纪 30 年代的上海，已然成为一个国际传奇："东

上海英商电气音乐实业有限公司钢针唱片封套

上海英商电气音乐实业有限公司

百代唱片公司旧址（陈钧 摄）

方巴黎"、世界第五大城市——外滩金融街、百货大楼、跑马厅、跑狗场、俱乐部、公园、教堂、舞厅舞女、狐步和探戈、爵士、电影院、影星歌星、煤气、沙发、无线电、私家汽车、高跟鞋、雪茄、香水、勃朗宁手枪——一个与传统中国其他地区截然不同的充满现代魅力的国际大都会。而唱片业为这份摩登刻录了声音历史。

二、明星梦工厂

百代唱片公司，聘用了水准极高的白俄罗斯乐队，拥有最优秀的创作团队，囊括了流行乐坛70%以上的市场份额。宣传口号是："当代名歌全归百代，影坛俊杰皆是一家。"充分展现了当年百代的实力和霸气。

1929年，黎锦晖创作的《毛毛雨》在百代录制，由其女儿黎明晖演唱，拉开了近代中国流行音乐的序幕，被称为时代第一曲。

百代实行明星制，著名演员和作曲家拥有自己专属的琴房和作业空间，全天候提供特级膳食、下午茶、宵夜。

20世纪三四十年代，要在上海成名不易，要在百代录制唱片更不易。除了歌艺超群，还须有独特气质。当时红歌星如周璇、姚莉、李香兰、白虹、白光、吴莺音、张露，在公司包装打造之下，个个都拥有自己专属的招牌气质。

如形象"烟视媚行，冶荡挑逗"的白光，她的《卖汤丸》至今仍受大家喜爱，和严华合唱的《人海飘航》是早期著名的探戈歌曲，《郎如春日风》更是代表作。她的"冶荡"，只是遵循百代唱片公司对其的包装而已。

1935 年，黎锦晖的弟子聂耳作曲的《义勇军进行曲》在此录制。1949 年，此曲被选定为中华人民共和国国歌。

1944 年，一个春风沉醉的晚上，黎锦晖的七弟黎锦光不思归，推开工作室的窗子，南风徐徐，暗的深处，听见花开的声音，听见归宿鸟儿的骚动；一时兴起，只一杯咖啡的工夫，便写下了《夜来香》。

曲谱搁在桌上一月有余，其间，包括周璇在内的几位歌星过来，试唱了几句，都觉得好，可惜音域太高，都放弃了。又隔了几日，李香兰去黎锦光办公室，看见桌上的曲谱，拿来一试，煞是喜欢。李香兰曾接受过俄国帝国歌剧院艺术家多年训练，其时正是一颗耀眼的明星，公司即刻请人配器录唱，成就了一曲传世之作。

1945 年 6 月，李香兰以《夜来香》为题，在大光明电影院举行了六场独唱音乐会。《夜来香》，是她的水晶鞋。

1981 年，李香兰邀请黎锦光赴日访问，她执黎锦光先生之手，绕场演唱《夜来香》。

2007 年，上海国际爵士节，爵士女王小野丽莎怀抱吉他，将此曲演绎成爵士风格，一时掌声雷动。

百代唱片公司经常组织演员和作曲家采风。

一个踏青的月夜，作曲家陈歌辛与歌星姚莉河边漫步。他们彼此爱慕，限于世俗，止步于礼。漏夜，陈歌辛写出了经典歌曲《苏州河边》，专属姚莉。

阮玲玉，中国默片时代伟大的演员。有声电影出现后，她面临着巨大的考验：能否渡过语音关。一些美丽的女演员因为开不了口，永久地告别了银幕。

自杀的前夜，阮玲玉问过两个问题：

一、我的国语说得怎么样？

二、我是一个好人吗？

有一个悬念：阮玲玉开口，会是什么样子？

其实，在中国流行歌曲的历史上，阮玲玉是留下过声音的。

1930 年，拍摄《野草闲花》，导演孙瑜创作了片中主题曲《寻兄词》，由影片主演阮玲玉和金焰合唱。事先在百代唱片公司灌录成蜡盘唱片，放映时，配合画面现场播放。

阮玲玉唯一的声音档案，依旧保存在百代的历史里。

影后胡蝶也在此留下玉音。

小红楼隐匿了无数妩媚的灵魂。

三、被接管后

1948 年底，百代唱片公司的人员，一部分去了香港，一部分去了新加坡，留下 30 多人看守。

1952 年，高承榫从军政大学毕业，在军事委员会做宣传干事。1 月 20 日，高承榫接到命令，去接收百代唱片公司。

其时，百代唱片公司的正门在肇嘉浜路上，里面有好几幢小洋楼。录音棚设在如今被称为小红楼的建筑内，一楼为录音间、会客室，二楼为作曲家的办公室，三楼为英国人梅林大班使用。

上海百代公司钢针唱片封套（贺平 提供）

上海百代公司录音棚（贺平 提供）

军管时期，门口设岗，解放军战士把守。

留守的录音师是白俄，叫费德洛夫，他住在小红楼的裙楼。

高承榀对他说："我们来接管了，你可以走了。"

费德洛夫显得沮丧和不解，临走的时候用锃亮的皮鞋去踢他曾经睡过的那张维多利亚风格的铁床。

高承榀警告："你不可以踢的，这张床已经属于公家财产了。"

后来听说费德洛夫去了新加坡。

百代唱片公司的厂长是法国人默赛。

接管以后，高承榀一个人住在小红楼里。

园子辽阔，多年无人打理，树木高深，藤蔓缠绕，一种《聊斋》狐仙出没的感觉。

高承榀毕竟是一介书生，心生恐惧，每每去小红楼，宁愿远兜远转，从肇嘉浜路沿着围墙，经宛平路，绕到衡山路。

彼时，衡山路上行驶 2 路有轨电车。

接管不久，高承榀听老职工反映，每天晚上看见梅林大班穿着白色的衣服，在园子里面游荡；又说，他经常去小红楼的客厅弹钢琴。

高承榀是无神论者，不信。

一天晚上，他已经睡去，迷迷糊糊中，果真听到钢琴声。这下真的害怕了，传说发酵了，迷蒙中，高承榀似乎看见了梅林大班的暗影。第二日，高承榀立即将此事汇报军管会，军管会加派了解放军荷枪驻守在小红楼门口。

夜半，驻守的战士，真真切切，也听到了钢琴声，一时草木皆兵，手握钢枪，屏息搜寻。一番凌乱，终于探明，琴声是从对面的洋房里传出来的，这才解禁。

1953年1月，合并以后的百代唱片公司归中央广播事业局管理。同年6月1日，新中国的第一张唱片《新疆好》在此录制。1955年1月，前述三大唱片公司和一些小型唱片企业合并，在百代公司原址上成立了中国唱片厂，由此形成中国只有一家唱片企业的局面。

四、余韵

20世纪80年代，笔者在此任编辑。钢琴、壁炉、钢丝话筒、绛紫色丝绒落地窗帘，还是百代留下来的物件。

录音棚里，一架白色的斯坦威三角钢琴，是随犹太人避难，漂洋过海，沦落于此的。

1985年，笔者请著名的燕子姐姐录制儿童故事。设计作品封面时，特别以老物件为背景，从歌剧院借来服装，把人物造型做旧，安放在一个自我想象的渺远时代。如今，这张照片亦成了珍贵的历史资料了。

其时，著名作曲家黎锦光已经70多岁了，高挑、白净，金丝边眼镜，衣服总是灰蓝的，却收拾得一尘不染。有人与他说话，他必是局促不安，声音细薄得好比青衣的小嗓子。白虹与他离婚，去了北京，黎锦光留了下来，据说与保姆日久生情，结婚生子，住在不远处的天平路。

小红楼前有一棵玉兰树，风姿绰约。黎锦光每天来，在玉兰树下经过，薄薄的身子，如柳枝划过水面。

笔者知道他是《夜来香》的作者，崇拜得很。他却敷衍道："过去的事情了，没什么好说的。"

客厅边，一扇小门，通向曾经的厨房。

黎锦光等一批百代时期的老人在那里上班，整理资料。厨房墙壁贴的是马赛克，冬天冷得不行，那些老人倒也不怕，穿了厚实的棉衣，双手插在袖笼里；也有禁不住的，在怀里揣一个热水袋。其中有一位名吴震者，曾是百代唱片公司公私合营时的私方首席代表。他家境殷实，住在淮海路，家人送他去读铁路专业，希望实业救国；偏偏吴震喜爱音乐，读铁路的时候就是京剧票友。大学毕业，求职到了百代唱片。此人中西贯通，人称"万宝全书"。虽然历经政治运动，依旧天真。领导摆个样子，说要听听前辈的意见，他就当真了，立在百代客厅的中间，口若悬河，绘声绘色，直叫一旁的人替他捏一把冷汗。他却不领情，道："伸头一刀，缩头还是一刀，不如畅快一点。"

那时，已经有人来约他写有关唱片公司的故事。他拿到稿费，去天平路一家叫"新利查"的西菜馆，点上一份奶油葡国鸡，一杯廉价的红酒，及时行乐。

还有一位胖老头，不修边幅，"竹林七贤"的落拓，一根链子，吊一大串的钥匙，守着一个仓库；一日三餐，只要有肉，便朗声大笑，笑声里有帕瓦罗蒂的音色。

一日，食堂饭桌上，笔者忍不住赞叹："你的音色真好。"

他道："是吗？"接着给出一个漂亮的高音。

后来与他熟了，得知他年轻时留学德国，学习电气。回国后，在唱片公司掌控录音器材。他腰间的那些钥匙，锁着的便是百代唱片公司留在上海的唱片母版。他对笔者说这些话时，嗓门压得很低，生怕别人听了去似的。

1986 年前后，开启了整理 20 世纪 30 年代经典歌曲的计划，黎锦光邀请旅居海外的李丽华来唱片公司录制老歌。迟暮之年，李丽华依然美丽得让人心动。

严华也在被邀之列。

严华与李丽华的第一任丈夫严俊是叔侄，论辈分，李丽华要称严华"叔叔"。

话筒前，李丽华，大青衣的范儿，声音薄、甜，有戏曲的味道，她唱"树上小鸟啼"，嘴不自觉地撮成一个圆，柳眉轻盈地翻飞去了鬓角。

百代时期的英俊小生严华陪在一边，项间系一条酱紫英伦风丝巾，老是老了，风度还是在的，有板有眼地站在李丽华的身旁配唱，一样的眉目传情。

严华是周璇的第一任丈夫。

歌坛前辈姚莉说："严华生得高大、白净，文化很高，有桃花相。他们两个是不般配的。"

严华与周璇离婚后，隐退歌坛，开办歌林唱针厂，做了老板，也还是斯文，劳资关系十分融洽。办公桌上一直摆着糖果，但凡有人进来，先请吃糖再谈事儿。

有工人的儿子患了骨结核，需要 200 元钱。这在当时是一个很大的数字，严华没有犹豫，开了抽屉，把钱如数搁在桌上。

公私合营，严华的厂并入中国唱片厂，他被分派在唱针车间做工人，后又改做账房。几十年了，一直保持着温良恭俭让的君子做派。

那日录音，毕竟是经年不唱的缘故，忽然一口痰上来。严华赶紧用手帕捂住嘴道："不好了，成'痰派'了。"

李丽华一如当年的小女孩，拿了一颗薄荷糖放到严华的嘴边。

录音结束，一起去衡山宾馆吃饭。

李丽华说："我丈夫吴中一，在附近有房产。"吴中一的房产在吴兴路81—85号，与丽波花园比邻。

1952年，张爱玲从上海去了香港。李丽华希望张爱玲为她做编剧。张爱玲生性孤傲，不愿见生客，再三游说，终于约定了见面的日子。那天下雨，李丽华刻意装扮了自己，早早地来到了约会的宋家。张爱玲姗姗来迟，小坐片刻，推说有事，蝉翼般轻盈告退，连事先预备的茶点也没有享用。

那一年，百代唱片公司也易地香港，重新找回陈蝶衣、姚敏等一班人写歌。可惜香港市民只懂得粤语，曾经在东南亚流行得不得了的"时代曲"只能在逼仄的空间里挣扎了。陈蝶衣、姚敏、姚莉等创作歌曲，只能聚在一家"青鸟咖啡馆"，曲谱是写在餐巾纸上的。

2007年，笔者去香港访问陈蝶衣，他99岁，许多事已经模糊不清，唯记得，在百代唱片公司录制他的处女作《凤凰于飞》的细节。

上海唯一花园影院：衡山电影院

惜　珍

　　提起位于衡山路 838 号的衡山电影院，上了点儿年纪的上海人都会对它充满感情，因为在老上海人的记忆中，这座梧桐树下的电影院沉淀了浓厚的历史文化底蕴。这座筹建于 1951 年的电影院，是中华人民共和国诞生后上海新建的第一家电影院。中华人民共和国成立前，上海所有的电影院都开设在市中心地段，当时徐家汇一带远没有如今这么热闹繁华，周围没有一家电影院，住在那里的居民看电影要到南京路、淮海路去，很不方便。

　　上海解放初期，根据陈毅市长"市政建设为生产服务、为劳动人民首先为工人阶级服务"的指示，以及 1951 年上海市第一届人民代表大会上，徐汇区人民代表提议在衡山路靠近徐家汇的地方建造一家电影院的提议，决定在当时辖区内通向吴泾、闵行、漕河泾地区的交通要道——衡山路 838 号地块建造一座电影院。1951 年 8 月 17 日举行了奠基典礼，由当时的上海市市长陈毅、副市长潘汉年亲自批准拨款，并在批文中指出：尽量争取社会力量，以减轻政府负担，可于该

衡山电影院

公私合营衡山电影院
股份有限公司股票

区适当进行劝募工作。于是，筹建委员会在境内工厂、商人及社会各阶层市民中以股金认购形式进行集资。衡山电影院是中华人民共和国成立后上海市第一家采用民间集资和国家投资结合建造的电影院，总投资额为人民币 31 万元。其中民间投资 16 万元，政府投资 15 万元，可谓开创了国内影院建造的先河。当时集资采取的是购买股票的形式，旧币 1 万元一股，相当于现在的人民币 1 元一股。不少电影圈人士参与了集资，上影集团总裁任仲伦笑称，自家也是衡山电影院"小小的股东"。著名电影表演艺术家秦怡说："衡山电影院是我的老电影院，我的老朋友。"影院 1952 年 1 月 5 日落成开幕，座位 999 个。陈毅市长为影院题写了"衡山电影院"

院名。

沪上唯一庭院式花园影院

衡山电影院建造时采用"独门独院"的方式,可谓上海滩绝无仅有。它坐落于衡山路休闲街的西首,面朝衡山路。影院前设置气派的门楼,门楼上面覆盖着灰色水泥平顶。下面是5米高的四扇灰色大门,中间两扇用于观众进出的大门前装有两扇3米高的大铁门。从大门进去,是一个花园,花园尽头便是钢筋混凝土屋架结构的电影院建筑,建筑两侧各有一个花坛。进门右手边有一个小边门,边门通往走廊,走廊一侧是放映队、业务办公室、美工室、木匠室和票房间,再进去是观众休息室。左侧靠近建筑的花园里有一个绿色竹子搭建的葡萄架,葡萄藤蔓攀援在架上,浪漫柔情,挂果时节,一颗颗晶莹剔透的葡萄挂满枝头。再走进去便是托婴室,看电影的观众可以在这里寄放自己的小宝宝。影院四周辟有花圃,种植各种花卉树木和盆景。

衡山电影院开张后,便成为衡山路上的一道亮丽风景。开业后,放映的第一部电影是抗美援朝纪录片,人们争相前往观看。尤其是股东们,更是扶老携幼前来,他们看的不仅仅是影片,也是一种情怀。据老上海人回忆,新建成的衡山电影院名气不亚于大光明电影院,影院几乎天天满座。当时,能够去衡山电影院看一场电影,是件挺时髦的事。20世纪50年代,苏联皇家芭蕾舞团到上海演出,票子由新建成的衡山电影院代销，长长的购票队伍从衡山路一直延伸到天平路。当时苏联、印度、越南、朝鲜等电影代表团都曾到衡山电影院参观访问。

20世纪60年代起，沪上影院按新片拷贝放映先后次序，分为三轮级次，那时上海只有大光明、国泰、国际、和平等首轮电影院，建成不久的衡山电影院也跻身其中。因为它满足了有冷气、软沙发座位、容纳观众数量上千这三个当时首轮电影院具备的硬件条件。衡山电影院成为首轮电影院，附近的居民自然欢呼雀跃，这是他们家门前的影院啊。开阔的空间、草坪、绿树、鲜花，让他们享受到在其他影院享受不到的快乐。看电影的市民，常常早早来到影院，先是在影院的庭院里散散步，呼吸呼吸绿树青草的味道，然后再进去看一场电影，心满意足地回家。在"文革"前所拍摄的电影故事片里，衡山电影院常常成为片中的一个场景，如在《今天我休息》和中国第一部彩色宽银幕立体电影《魔术师的奇遇》里都可以看到这座电影院。

惊艳上海滩的回雁厅

在撰写这篇文章时，笔者通过曾在衡山电影院当过经理的土山湾博物馆馆长桂炎认识了衡山电影院的顾荣生经理。桂馆长告诉笔者，顾经理是衡山电影院的一部活字典，有什么问题尽管问他好了。于是，在冬日的一个阳光明媚的上午，笔者有幸在文化气息浓郁的土山湾博物馆遇见了顾荣生经理。他身材高大挺拔，相貌俊朗，一表人才，一点不像即将步入古稀之年的人。他1971年从济南装甲兵部队复员后分配到衡山电影院，先是当电工，不久又当上了服务组长，1979年被任命为衡山电影院经理，直至2002年退休。他在衡山电影院工作了33年，对衡山电影院的感情之深非同一般。性格豪爽的顾经理快人快语，说起衡山电影院的发展和变化如数家珍。

1972年，衡山电影院局部大修，把银幕改成宽银幕，座位增添至1 044个，还有80个加座。粉碎"四人帮"后，电影院迎来了春天。许多以前不能放映的电影都能放了，饥渴已久的影迷疯狂地拥向电影院。电影院的生意非常火爆，现在的人根本无法想象。为了看一场电影《红楼梦》，人们可以通宵达旦地排队。20世纪80年代初，衡山电影院放映《闪闪的红星》，从5点开始的早早场到午夜12点的夜场，场场爆满。1982年罗马尼亚电影周期间，衡山电影院门口每天买票的观众挤爆了影院。那时，顾经理住在离衡山电影院不远的余庆路上，电影周首映电影是《橡树，十万火急》。首映当日，半夜12点，突然有人雨点般地敲打他家的门，开门一看是衡山电影院的一位老职工。他说："不好了！顾经理，电影院的铁边门被撬开了，买票的人都冲进来了！"那时，顾荣生的妻子正在上夜班，他二话没说，立即抱起襁褓中的儿子，直奔影院。到了那里，他把孩子往值班室一放，就赶紧去现场。他一边联系徐汇区公安局，一边安抚观众。到天亮时，整条衡山路上已是人山人海，徐汇区公安局局长亲自指挥民警到影院维持秩序。一个晚上在人群里挤进挤出做工作的顾经理，身上的衣服全部都湿透了。

为适应市场经济需要，1983年衡山电影院在观众休息厅自办小卖部，之后又开设了音乐茶座，投影录像放映等。1990年10月，进行更新改造，1991年底改建完成，原先的门楼拆除了，变成一排面向衡山路的镂空铁门，原先的放映厅改建为896座的阶梯式衡山厅，原来的观众休息室则改造成为双人情侣座，命名为回雁厅。小厅为什么叫回雁厅呢？顾经理说，这里面还有故事呢。有一年他到衡阳去出差，入住的宾馆边上有一个回雁峰公园，据说每年春天南飞的大雁都要回到这里，落下来繁衍生息，故名。顾经理坐在景色如画的回雁峰公园里，想起了柳宗元谪居永州时写过的一首七绝诗："故国名园久别离，今朝楚树发南枝。晴天归路好相逐，正是峰前雁回时。"顾经理心想衡山为五岳之一，我们电影院就是以衡山命名的，他由此获得灵感，把新建的小厅命名为回雁厅。顾经理当时的灵感是，这些大雁到过回雁峰公园就会因思念而年年回来，我们衡山电影院创建的这个小厅也要让观众到过一次就想着再来。寓意极美，获得大家一致赞同。那么怎样才能让观众因思念而再来呢？大家也着实动了一番脑筋，一定要显示出与众不同的风格，才能吸引人来了还想来。

开张后的回雁厅惊艳了上海滩，这个小厅共104个座位，有52对宽大的双人沙发，都是定制的，坐上去软软的，非常舒适。沙发前放置茶几，茶几上有天天更换的鲜花，充满了一种温馨浪漫的气息。不少观众听闻后从四面八方赶来，还有不少是从浦东、杨浦过来的。当时，一个座位一年票房有1万多元，这在20世纪90年代初是很厉害的，当时的电影票才15—20元一张。电影《瞧这一家子》的观众见面会放在回雁厅，票子卖到128元一张。参与展映的演员陈佩斯说："我在同济大学，放映时，观众见面会有几千个观众来参加，放在你们回雁厅才104个观众，太少了!"顾经理说："陈老师，来回雁厅的都是有品位的观众，是您真正的铁杆粉丝。这场见面会的门票要卖到128元一张，消费层次可不低啊!"陈佩斯觉得有道理，而且这里的服务也非常到位，剧场里没有一个服务员站在那里蹭电影，整个氛围非常好。因为环境好、服务好，衡山电影院的名气越来越响，情人节、圣诞节的活动回雁厅场场爆满。

别开生面的花苑电影节

1993年衡山电影院被命名为花园单位，是全上海50多家电影院中唯一的一家。第一届上海国际电影节于1993年举办，这是中国首次举办的国际电影人士的盛会。那年年初，上海国际电影节在上海影城举行授牌仪式，10月7日至14日正式举办。主会场设在上海影城，大光明、衡山电影院等8家首轮电影院为分会场。借着上海国际电影节的契机，衡山电影院决定办一次自己的电影节，这个创意得到了上海电影公司的全力支持。衡山电影节的时间定在每年4月，名字就叫"花苑电影节"，因为4月正是大地复苏、春暖花开的季节，很切合花苑电影节的名字，主题花便是杜鹃。首届花苑电影节定在 1993 年 4 月，为期十天，时任上海市副市长龚学平、上海电影局局长吴贻弓为花苑电影节题了词。此后，衡山电影院每年春天都会举办花苑电影节，除了展映多部中外优秀影片，影院还在宽敞的庭院里摆放数百盆杜鹃，花团锦簇地迎候观众。影院里人山人海，人们看完了电影，还逗留在庭院里，欣赏鲜花，久久不愿离去。入夜，庭院的草坪上亮起珠玉般的彩灯，整座衡山电影院便越发显得花影绰绰，月影、花影、灯影、人影交相辉映，别有一番情趣。

衡山电影院的花苑电影节是上海唯一的一家，从 1993 年到 2003 年，这个颇具创意的花苑电影节一共举办了十届，一家影院能连续十年举办电影节，这在电影史上也是绝无仅有的。而且年年主题不同，每一届都有新意，都有叫得响的口号。首届主题是获得"花苑影院"称号的揭牌仪式，口号是"美化家园"。第二届主题是领养衡山路行道树，这届花苑电影节公益领养了衡山路上从天平路到宛平路段的 48 棵行道树，捐赠给徐汇区园林局。

1997 年 10 月在上海举办的全国第八届运动会是 20 世纪末我国规模最大的一次全国综合性运动会。为了迎接这次盛会，当年衡山电影院的花苑电影节就以此为主题，推出了一张由龚学平题词的观影卡，每张卡售价 50 元，可观看 4 场电影，卖卡的 2 万多元收入全部捐献给徐汇区民政局作为慈善基金。1997 年 7 月 1 日香港回归，花苑电影节特地举办了香港电影回顾展，在全国都有影响，台湾的一家电影杂志也刊载了这一盛况。花苑电影节每届举办 10 天，其中一届花苑电影节还举办了由知名主持人王飞珏主持的影迷论坛5场,出了6期期刊。许多电影界的知名人士都出席过花苑电影节,许多影迷也纷纷赶来要求合作。

1995年,美国电影《未来水世界》在衡山电影院放映,影片以其华丽的场面、宏大的布景和众多的特技效果令观众惊叹不已。这部影片犹如一个成年人的华丽童话,把观众引入一个奇妙的电影世界之中。衡山电影院在环境布置上也别出心裁。顾经理有一次坐在办公室里,看着窗外有好多建筑垃圾,有旧管子、废木料等,突发奇想,是不是可以用这些废旧垃圾在花园里做一个大型恐龙展呢?他去买了几个恐龙模型,在美工和工匠师傅的共同努力下,用几根小木棍搭了个造型,利用废旧垃圾,扎成大大小小的恐龙骨架,把草坪上剪下来的草放在地上晒干,搅和在水泥、石灰材料中,其中最大的一只是有4米多高的霸王龙,它的两只眼珠是用红色灯泡做成的,晚上,在黑漆漆的花园里,有一种恐怖、真实的感觉,非常符合电影的氛围。这个创意获得了上海环境布置特等奖,评委们说,衡山电影院的环境布置已从一般的橱窗布置走到了立体和全方位的创意。

推出私人包场的"花苑厅"

衡山电影院名声在外,如何更上层楼,成为摆在衡山电影院决策层面前的一个难题。在创造上海独一无二的电影院的理念下,衡山电影院在1999年举办的第九届花苑电影节上做出了一个重大决定,那就是把原先的弹子房改建成为一个私人包场的小厅，因为衡山电影院是花园影院，就把这个小厅命名为"花苑厅"，由著名剧作家杜宣题字。花苑厅共52个座位，小厅外面有一个玻璃房酒吧。天气好的时候，阳光满屋，晚上可以看星星、月亮。下雨天，情侣们手捧一杯咖啡或美酒，坐在玻璃房里，眼前是花园美景，淅淅沥沥的雨点打在玻璃顶棚上，有一种回归自然之美。咖啡伴着雨声，安静而有情调，说不出的浪漫。

为了满足不同层次观众的需求，1999年9月又推出了私人包场活动，第一场就由旅美演员王洛勇包场，并放映由他主演的影片。因为在上海影院里还没有过私人定制包场这样的形式，所以王洛勇自称是"第一个吃螃蟹的人"。那天，

花苑厅

请了两位吹萨克斯的乐手在花苑厅门前迎宾，点燃的蜡烛从衡山路一直排到花苑厅，花草的香气伴随着摇曳的烛光，浪漫至极。玻璃房内高朋满座，记者云集，人们在烛光下享用着咖啡，欣赏着美景。当晚的电视新闻用很长时间播放了这一段新闻，报纸上也做了详细报道，花苑厅成了当时人们热议的话题，要求包场者络绎不绝。

衡山电影院注重服务，并提出"看片不满意，10分钟之内可以无条件退票"。笔者问顾经理，有没有人退过票。他说："有三位。一位是进场后不知道自己看过这部电影，因为片名和自己原先看的不一样。还有一位是家里有事打电话来叫他赶紧回去。第三位是看了我们打出的广告后不大相信，是故意来看看是否真实的。这三位，我们都履行诺言，退了票款。衡山精神就是这样逐渐形成的。"

新衡山电影院续写新篇章

时光荏苒，随着中国电影事业不断地蓬勃发展，衡山电影院中华人民共和国成立初期的建筑风格与陈旧落后的影院设施，显然已经不符合新时代观众对影院的高品质需求。2009年，借着迎"世博"的契机，衡山电影院进行了一次由表及里的全面翻新，名字也改成了"新衡山电影院"。"新"，除了是指影院硬件上的提升，也体现了衡山电影院作为申城最具上海情调的影院力求创新的理念。

2010年9月27日向公众开放的新衡山电影院保留了其独有的花园影院环境，经过精心的设计和改造，如今作为上影永华影城连锁管理影院之一，其时尚高雅的整体格调与衡山路周边环境以及历史风貌相得益彰。改建后的衡山电影院，共设置了三个放映厅，中间的大厅以装饰艺术派风格融合包豪斯设计元素，显得时尚感十足。外立面则采用了竖状线条，漂亮的竖线条犹如竖琴般显示出一种音乐的韵律，棱角分明的几何形状与圆滑曲线完美结合，能随着人们行进间视角的不同，配合自然光影的交错，产生一种静态的韵动，黑白两色的大块面分隔使影院充满时尚感。建筑顶层一个大大的五角星，暗示着这是中华人民共和国成立后所建的影院，中间竖写着"衡山电影院"五个大字，下面有陈毅落款。整个建筑承袭了衡山路固有的法式基调。新衡山电影院是历届上海国际电影节的指定放映影院，三个不同风格的放映厅，均配置先进的音响设备、舒适的座椅，可以满足不同层次观众的欣赏需求。衡山厅里设置了562个座位，回雁厅改建成131个座位，花苑厅还是52个座位。所有影厅皆以"超五星"的标准建造，全套引进最先进、最现代化的进口放映设备：国际顶尖水平的科视高清数字放映机、代表影院最高标准的杜比环绕7.1声道音响以及超宽排距的舒适座椅，为观众营造出专业又舒适的观影空间。

随着电影在人们生活中所占比重的不断增加，电影院的功能也越来越多元化。时至今日，电影院早已不再是单纯放映电影的地方。在新衡山电影院笔者见到了现任经理鲍姚佩，从她的介绍中，笔者得以了解到新衡山电影院的一些情况。正门进去的衡山厅是徐汇区影院中座位最多的，在改建时特地保留了原先的舞台，不仅能举办影片的首映礼，还能满足品牌推广、时尚走秀和特色演艺的需要。这里经常会有一些戏曲名家演出，单位年会、学校幼儿园的毕业典礼等也经常借此地举办，门前空旷的庭院也为这些活动提供了极好的展示场地。回雁厅则比较适合单位的小型年会和明星发布会。建造在庭院里的回雁厅、花苑厅分别是法式风格的中厅、小厅。花苑厅是徐汇区影院里座位最少的，适合私人包场，它集花园、咖啡厅、电影院为一体，颇具欧陆风情，一些求婚仪式、生日派对、小型聚会等就在这里举行，外面的场地还可以用做自助餐厅。花苑厅的私人包场如今已成为新衡山电影院最著名的特色项目之一。新衡山电影院积极参与上海国际电影节，上座率始终名列全市前茅，热门场次几乎场场爆满。每逢6月举办的国际电影节，影迷们都会通宵排队购票，衡山电影院利用独幢建筑的优势，晚上12点发号，领到号的观众可以到花苑厅休息，并为观众免费提供饮用水和花露水。

独特的庭院风格让新衡山电影院相比其他商业电影院多了一丝自然的气息。在影院的定位方面，新衡山电影院也希望能够和单纯放映商业影片的电影院有所区别。于是，在加入由上影集团属下的上海联和院线运作的AFA（艺术电影放映联盟）之后，新衡山电影院开始推出了独具特色的"艺术电影沙龙"，每周五晚上6点和每周六上午10点，影院会为一部艺术电影举行专场放映。这是新衡山电影院增加自我文化气质的一种方式，也是为中国艺术电影的推广、培养艺术电影观众出一份力。好比北京的百老汇影院一样，新衡山电影院也会将放映艺术电影常年坚持下去，为广大文艺青年提供文化艺术的专业欣赏平台。2017 年，新衡山电影院就放映了《百鸟朝凤》《摇摇晃晃的人间》《一念无明》《八月》等 26 部艺术电影。对许多年轻情侣们来说，电影院就是一个再理想不过的约会圣地。而"浪漫"，正是新衡山电影院除了"花园"和"艺术"之外的又一个关键词，于是，在花园影院里看一场艺术电影，成了许多文艺小清新的最爱。

衡山电影院面朝着衡山路，影院门前是一片开阔的庭院，有着别具风情的草坪和景观绿化，绿地一侧站着一只造型现代的落地钟，准确地指示着时间。另一侧的花坛里，四时鲜花不断。露天院子里摆放着休闲座椅和遮阳伞，为徘徊于衡山路上的游客，抑或是等待进场的观众提供一个能够驻足小憩的地方。观众在欣赏电影之余，亦可悠然流连于绿草如茵的草坪上品味咖啡，感受衡山路独特的浪漫风情。若是天气晴好，坐在如此雅致的庭院里，即便不是来看电影，也能邂逅一个无比惬意的午后。这便是衡山电影院六十余年来始终保持不变的特色，在这里，你不仅能享受到影音带来的震撼效果，也能感受到绿草如茵的浪漫风情。由于衡山电影院有着独一无二的优雅环境，好多影视剧如电视剧《辣妈正传》、电影《剩者为王》都曾在此取景。

和旁边的衡山坊连成休闲氛围

现在衡山电影院的右侧是一家儿童摄影花园店，左侧是一家名为"女枪手"的墨西哥餐厅。一楼有个很大的就餐区，拉丁风格装修，时尚与古典并存，用餐氛围轻松随意。露天位适合下午茶小憩，看看沿街风景，楼上则有一个相对私密的酒吧。每到半夜时分，这儿俨然一家拉丁风情小酒馆，看完夜场电影出来，宵夜是年轻人的最爱。据说，下半周晚上还有现场乐队表演传统拉丁音乐。

喜欢安静氛围的可以到衡山电影院旁边的衡山坊去走走。它就在衡山路和天平路的交会处，这个时尚地带是再现了20世纪30年代海派建筑风情的历史建筑精品街区，其倡导的慢生活理念似乎更符合现代人的精神需求。

衡山坊整个坊区由11幢独立花园洋房和两排典型上海新式里弄住宅组成。这里原名"树德坊"，曾是上海滩颇具

衡山坊

知名度的高档住宅区。北部的新式里弄建于 1934 年，属于上海典型的弄堂住宅；南部花园洋房建于 1948 年，有着西方建筑的特色。新建的衡山坊对原有建筑的位置、体量、形体不做变动，只对门窗、屋面与墙体等在保留原貌的基础上小心翼翼地进行了更新改造。衡山坊的布局汲取了老上海里弄的特点，创造多入口的口袋广场，合理的动线和业态搭配巧妙，在欧陆风情的衡山路上打造出了具有独特上海魅力的城市慢生活街区。重新修缮后的地面，间隔的彩色地砖点缀在青灰色块中，时不时会看到一些记录上海历史的铭牌。而在衡山坊入口处的地上，一幅微缩地图展示了从这里出发到徐汇区甚至上海的一些知名地标所行走的方向和距离。重修之后的衡山坊不但保留传承了老上海文化历史的精髓，还通过具有现代感的设计重塑了摩登时尚的生活格调。

衡山坊是上海近代海派民居的典型样本，里面的建筑建于 20 世纪三四十年代，正是民国建筑发展的鼎盛时期，堪称东西方建筑文化融合的缩影。衡山坊的特别之处在于其南部和北部不同样式的建筑并存，创造了灵动的空间变化。北部新里集合了创意办公、艺术空间及异国美食，南部花园洋房主要以精品零售为主。

20 世纪初，这里是上海滩许多文人雅士的聚居之地。经典电影艺术家、电影导演费穆自 1932 年起就居住在这里，在此期间，费穆与电影明星阮玲玉、金焰等合作，创作了具有独特人文情怀的影片，电影《小城之春》更是开启了中国诗化电影的先河。费穆曾任联华影业公司导演，当年，费穆在树德坊的家经常有艺术界人士来拜访，座上客有京剧大师梅兰芳、姜妙香以及著名电影演员刘琼等。炎炎夏日的傍晚，费穆常常在家门口举办自拉自演的文艺晚会。费穆提携过不少有志向的文化青年，其中一位是中国第一位独立执业的女建筑师张玉泉，她当年也居住在树德坊。与同为建筑师的丈夫费康创办了大地建筑师事务所，在长乐路上留下了西班牙建筑风格的蒲园等杰出的建筑作品。与冰心、庐隐、凌叔华、萧红、沉缨、施济美、冯沅君、陈衡哲等齐名的民国十大女作家之一的罗淑也于1937年旅居于此。

如今的衡山坊街区有着较高的颜值，在衡山坊的一个入口处可以邂逅外国艺术家以十个苹果为主题的雕塑，进到里面还可以看到只在乡村生活记忆里出现过的打水井、绘满整个墙壁的老上海地图的洋房、颇有特色的立体绿化等。多入口的口袋式广场根据里弄街巷的特点布局，重现了旧上海居民喜聚于弄堂口，表现融洽的邻里关系的公共空间。大面积的花岗岩铺石间巧妙融入寻游光带，引领追寻老上海历史人文特色，这些精巧的布置丰富了空间的肌理，充满了浓郁的上海地域特色。夜晚的衡山坊也有惊喜，白天普普通通的一幢房子，夜间却能魅惑炫目，奥秘则是洋房外立面贴的墙砖会发光。

在完整呈现原有建筑的肌理与空间形态下，衡山坊巧妙地融入了现代商业元素，糅合了时尚精品店、高端餐厅酒吧、创意办公、艺术空间等休闲与商业空间，打造出一处独具上海魅力的城市慢生活街区。衡山·和集由4幢独立建筑构成，拥有书店、展览画廊、论坛讲座、生活时尚等功能。这儿有我国第一家以影像为主题的专业书店，里边囊括1万种品类，总计2.5万册图书及500种国际杂志，是目前中国最全最专业的进口杂志书店。华东地区第500家星巴克，也是星巴克High-profile主题概念店也在衡山坊里安营扎寨。始于1913年的维也纳咖啡甜品品牌AIDA咖啡馆，将传承百年的手工咖啡与甜点带到了这里。气氛温暖又带有浓浓维也纳风情的西餐厅，充满工业感的设计风格、色彩缤纷的喷绘壁画带来了极强的现代艺术感。这里还有马克华菲生活概念店，店内的鲜花和创意生活家居颜值极高，三楼有许多限量版进口书籍，可以喝着咖啡，坐着阅读。衡山坊内的Pasty Grimaldi's是美国社会名流追捧的披萨品牌，如今驻扎在衡山坊的二层老洋房内，里面充满纽约街头元素，如明星照片墙、地铁线路图、手绘城市街景。来自曼哈顿的大厨亲手秘制手工面团制成霸气侧漏的乳酪饺，脆韧且带有淡淡烟熏味的披萨，配上一杯布鲁克林的啤酒，味道自然是妙不可言。Tiki China是沪上第一家有着开放式厨房的烧烤西餐厅，也是第一家开在中国的Tiki风格酒吧，轻松的异国海滩度假氛围，Tiki雕塑、竹制家具和热带植物都融入其中。

在现代化设计理念的重塑下，衡山坊里这些曾经的花园洋房、新式里弄，华丽转身为独具魅力的城市慢生活街区，怀旧与现代的元素在老洋房里激情碰撞，堪称上海花园洋房及里弄文化传承的成功典范。

在上海唯一的花园影院看完电影，顺便去附近的衡山坊转转，吃吃饭，或者喝喝咖啡，这一天就完美了。

大中华橡胶厂

吴志伟

今日的徐家汇地区已经成为上海城市副中心之一，其中徐家汇公园不仅是这个地区的"绿肺"，起着绿化空气的作用，也是人们休闲的好去处。这个公园的绿地一期工程，用地三公顷多，原来是大中华橡胶厂的厂址与地块。在肇嘉浜路靠近天平路的入口处，耸立着原大中华橡胶厂的那根烟囱。每到夜空来临，在烟囱上部增高的部分，由于内部布满光导纤维，外面镂空，在通电后，光导纤维发出的光亮透出外罩，就像是烟囱顶端冒出的白烟，弥漫整个夜空，非常好看。大烟囱这个徐汇区文化保护点，也见证了我国民族工业的艰难发展历程、大中华橡胶厂的重要性以及城市发展后被迁移的必然性。

一、大中华橡胶厂的创建

大中华橡胶厂由旅日侨商余芝卿和薛福基、吴哲生于1926 年共同筹建。该年 2 月上旬与日本厂方达成协议，日本

原大中华橡胶厂的烟囱（贺平 摄）

大中华橡胶厂主要领导人合影（右二为薛福基，中为余芝卿）

A字护膜（橡胶）厂负责培训制造套鞋的技术人员及提供全套机械设备，中方于2月17日派3名技术人员赴日并洽购设备。1927年春，由薛仰清验收后，运回部分设备；吴哲生在上海徐家汇路1102号租地27亩建造厂房。嗣后，又由A字厂配齐生产套鞋的全套装置和动力设备。同年夏天，密聘日本人加藤芳藏为技术顾问，指导在日本的实习人员学习套鞋的配方、熬油和上光等关键技术，同时登报招聘技师来华安装设备、指导生产。1928年，薛福基出任经理，吴哲生任厂长，薛仰清任技师长，有职工83人，于10月30日投产，日产套鞋近1000双。采用"双钱"商标，于次年10月获准注册。

主要创办人余芝卿出生于1874年，字茂芳，浙江鄞县

余芝卿
(1874—1941)

人。13 岁来上海德盛成东洋庄当学徒，满师后即被派至镇
江分店主持业务。逾年回沪，先后任大成祥、泰生祥号经理
（或说仅当"跑街"，即现在的推销员）。后又自己开设永泰
慎油号，不久因经营不善而关门。1904 年，初次去日本，
在做棉纱买卖中，又因投机失败负债回国。1907 年，出资
500 两白银与人合伙在上海开设和昌盛洋庄，债主闻讯上门
索欠，被弄得差点一贫如洗。后来好不容易接手办货业务挣
了些钱，1912 年再度东渡日本，在大阪开设鸿茂祥进出口
商行，一面将中国土特产猪鬃、草席等销往日本，一面采购
针织百货运至国内销售，并为上海十几家东洋庄代办进货，
由此积累资金而成为旅日侨胞中的富商，还当上了三江公所
（江苏、浙江、江西三省侨商组织）的理事长。

1925年五卅惨案后，因受抵制日货运动的影响，鸿茂祥进出口商行营业衰微，濒临倒闭。任用薛福基经营后，业务得以好转。余芝卿对薛福基的经营能力一直颇为赞赏，由此更进一步，1926年便采纳薛福基的建议，出资8.2万元，在上海筹办大中华橡胶厂。建成开工后，余芝卿任董事长，经营事务均交予薛福基。1941年，因病逝世于上海。

经理薛福基，字德安，江苏江阴人。出生于1894年，幼时，仅读私塾数年即为人放牛。15岁到上海和昌盛洋货批发号当学徒。由于受到业师器重，被引荐给余芝卿在大阪开设的鸿茂祥进出口商行工作，在他的努力下，商行逐步扭亏为盈，旋即升任经理，又被侨商推举为当地中华总商会会长。

薛福基在大阪期间，得悉日本明治维新后，注重发展工业，国力渐盛；又了解到日货胶鞋在中国旺销，利润丰厚，于是建议余芝卿转业从工，回国开设橡胶厂。得到余芝卿赞赏，被委以全权，与鸿裕批发所经理吴哲生共同策划。

1926年初，薛福基通过日本A字护膜厂相助并聘请武川护膜厂技师加藤芳藏为顾问，引进技术设备，吴哲生则在上海徐家汇购地建厂。1928年10月，大中华橡胶厂开工投产，由于产品精良，经营得法，"双钱"牌胶鞋一举成名，工厂并陆续开发生产球胆、热水袋、雨衣布、自行车胎和人力车胎等多种橡胶制品。

薛福基决心要把大中华橡胶厂办成供、产、销一条龙，具有一定规模的企业。早在建厂头几年，就陆续兴建了生产

薛福基
(1874—1937)

碳酸钙、氧化锌、立德粉等的原料厂，生产鞋面布的织染厂以及机器修造厂。还曾筹划在南洋办橡胶园，并亲自去南洋实地考察。1937 年，八一三事变爆发，薛福基在从公司乘车赴厂途中不幸被炸弹弹片击中后脑，于 8 月 31 日不治身亡。

吴哲生，有关资料相比要少些。他是江苏南京人，17岁进入余芝卿等在上海合伙开的和昌盛当学徒。22 岁时，由其舅舅尉迟松年推荐，担任日本大阪鸿茂祥商行账房。因业务关系，经常进出日本工厂，处处留心学习。1923 年，余芝卿等人合资在上海开设鸿裕边带厂，吴哲生奉命回国担任该厂经理，一时销路很好。后因英、德等国人造丝带的输入，鸿裕厂生产的纱带滞销积压，只能停产。之后，余芝卿等把该厂改为批发所，专门销售日本商品，吴哲生仍任经理。薛福基罹难，大中华橡胶厂的事务就由吴哲生管理，1941年9月时任总经理的他曾被绑匪绑架过。1945年1月27日《申报·福幼院募款》："吴哲生经募五万元（内计大中华橡胶厂二万元，美泰化工厂、德福布厂、洪良记、吴哲生各五千元，余介如、余性本、余润生各二千元，蒋彬贤、薛仲清、黄伯勒、朱惠人各一千元）。"

中华人民共和国成立初期，吴哲生对大中华橡胶厂的发展很有信心。考虑到该厂是个用电大户，为防止国民党轰炸后造成断电和一时缺电，吴哲生购进了一台旧的大型发电机，必要时可以自行发电，以保证断电后的应急处理和一段时间的小规模生产。1954年公私合营后，吴哲生担任第二总经理。以后经历不详。

二、中华人民共和国成立前的艰难历程

橡胶制品在当时中国是一个比较赚钱的行业，但也是一个充满了竞争和风险的行业。在民国初期，有不少生产胶鞋等民用品的小厂，不久就纷纷倒闭。上海的第一家民族橡胶企业——中华制造橡皮有限公司，始建于1918年秋，产品有人力车胎、皮鞋底和跟、玩具洋泡泡等，商标定为"燕子"牌。由于该厂技术落后，质量较差，难与洋货竞销，仅勉强维持年余，1921年即宣告歇业。

反观大中华橡胶厂，建厂初期，由于胶鞋产品质地优良，信誉卓著，第一年赢利20万元，约为创设资金的2.5

倍。企业发展进入昌盛时期，先后盘进和扩展机修、原料和制造不同产品的分厂。1930年1月，企业由独资改为合伙，资本增为20万元。次年改为两合公司。1933年12月，资本扩至200万元，改组为大中华橡胶厂兴业股份有限公司，总部设在东棋盘70街63弄32号（今延安东路272弄32号）。至中华人民共和国成立前夕，大中华橡胶厂股份有限公司拥有制造厂6家、原料厂3家、机器修造厂2家，职工4 000余人，另有2家独立经营的原料厂，徐家汇的老厂称大中华橡胶一厂。这中间的过程是起起伏伏，有时局大背景的影响，还有商业上的利益竞争等。

在生产初期，第一个遇到的是用日本原料和使用日本人的问题。五卅运动后"抵制日货，提倡国货"的爱国运动，促成了一些国产货品的发展和销售。但是有些东西一时是无法完全抵制的，因为没有国货来替代。抵制了日货，就得买其他国家的货物，如果其他国家的货物价格比日货贵的话，从商业上来说是不行的，遇到竞争的话就会失败。大中华橡胶厂的高层人员与日本厂商的关系还是比较密切的，设备就是从日本引进，又任用日本人加藤芳藏为顾问。因此，在1929年被人举报："徐家汇——零二号大中华橡胶厂职员，多系日人。然所出货箱上，印有'完全国货'字样，殊有疑窦。应请市部转反日会，严密调查案（议决）函反日会调查。""大中华橡胶厂被湖州救国会扣留出品，请证明。议决准予证明。"1931年，抗日会拘究薛福基："大中华橡胶厂，专以日货原料，略施人工，制成套鞋，混售市廛，故开设未久，获利已达百余万之巨。昨日被人密告，抗日会派员前往实地检查，当查得该厂所有橡粉、里布粉等原料，无一非是劣货，立将该厂经理薛福基扣留，连同账册簿据，一并押回会中；并将该厂存货栈房二十余间加封，听候会议处分。"几日后，抗日会议决处置办法："大中华橡胶厂因以前旧存一小部日货原料（为红色里子布等，现已废弃不用），经人向抗日救国会报告，适该厂经理薛福基代表橡胶业同业公会出席国货厂商代表大会，当经抗日会面令将一小部分旧存日货原料，暂行封存，曾志前报。闻经抗日会派员，前往该厂调查，得悉该厂自开办以来，对于改进出品，深具决心，以达到'完全国货'之宗旨，惟原料方面，除碳酸钙已在日晖港设厂自造，足可供给，余则均分向西商订定，即可到沪应用。责令该厂即日复工，以维工人生计。该厂一小部分原料，着检查调查二部，会同复查启封。该厂自接到通知后，业已遵照办理矣。"在今天看来，不知是悲哀，还是讽刺：报道中提到"适该厂经理薛福基代表橡胶业同业公会出席国货厂商代表大会"，暗地里被人举报"专以日货原料"，以后要除能用国货的以外，"余则均分向西商订定"。从整体上而言，西商与日商在道德上有什么区别吗？均是以获得商业上的利润为目的而已。

可喜的是，大中华橡胶厂的高层明白"原料方面，国内素无制造，仰给舶来，终非根本提倡国货之计"。于是，在1930年秋间，筹备自建大中华制钙（即基本工业原料碳酸石灰）厂于沪南区斜徐路，委任该原料厂经理兼技师朱惠人，用最新方法，以机器利用二氧化气炼成碳酸钙，于次年

10 月中旬开始出货，当时报称："品质优良，胜于舶来。闻该厂年内出货，每天约计四吨，仅足自用，预计明年（1932年）一月起，即有多量出品，用以供给国货界，此诚国货原料工业之好消息也。"

更令人可喜的是薛福基的远见。我国从 1924 年开始进口汽车，轮胎也随之全部进口。薛福基对此十分担忧，在给江南汽车公司的一封信中说："太平洋一旦发生变化，届时无国货代之⋯⋯将影响国防交通。本公司有鉴于此，积极以谋设备之完善，以虑万一，为国家效力，为民族争光。"轮胎的生产需要很多的资金，在公司内部存在着不同的意见。薛福基在公司董事会上，慷慨陈词，力主生产轮胎。考虑到轮胎生产的较高利润，前景可观，这个主张最终获得了同意。

1932 年，薛福基拨出专款 20 万元，并亲赴日本。通过加藤芳藏转托日本中田铁工厂的机械工程师柴田负责设计图纸，并请加藤出面委托该厂制造全套生产轮胎的机器设备。设备制成后，为了慎重起见，大中华橡胶厂决定，生产设备并不马上运回国内，而是先在日本共立护膜厂做实验性生产，并派黄亚民等三人赴日，在共立厂实习试制轮胎，了解该设备的产品质量、使用性能、操作技术等。当时轮胎生产大国有英国、法国、美国和日本等，其中日本政府有明文规定：禁止轮胎制造技术外传。黄亚民等人都是穿着和服冒充日本人混入厂区的，但时日一长，难免会露出破绽。日本新闻界指责共立厂向中国泄露轮胎技术，加藤感到事态紧张，就叫黄亚民等回国。薛福基在上海闻讯大惊，让吴哲生带领薛仰清等技术人员借旅行为名，赶赴日本拆运机器。机器运回国后安装在大中华橡胶厂内，但因生产技术尚未完全掌握而无法生产。薛福基又请加藤介绍了数位技术员来沪指导，经过多次试验，终于在 1934 年 10 月生产出第一批国产优质的"双钱"牌汽车轮胎，1935 年开始批量生产，其价格仅为洋货轮胎的三分之二。以后还接受了国民政府某空军学校委托试制飞机轮胎的任务。1936 年，大中华橡胶厂又研制成功中国第一条飞机轮胎。后因 1937 年 7 月抗战全面爆发，飞机轮胎批量生产任务被迫中止。

当时占据中国汽车轮胎市场近 90% 的英国邓禄普橡皮有限公司的"老人头"牌，在"双钱"牌轮胎问世后，马上进行打压，将销售价下降三分之一，并和国民政府的官员达成协议，迫使各省的交通厅、公路局等交通部门都使用邓禄普轮胎。在此举并没有击垮"双钱"轮胎后，又发起了商标涉讼案。以轮胎的"花纹"图案相似为由，要求"双钱"轮胎改变花纹。这个从 1935 年 3 月一直打到 1941 年的官司，几经起伏，最终以大中华橡胶厂失败告终。这一过程，阻碍了大中华橡胶厂的发展。换一次轮胎花纹，意味着上一次生产的轮胎无法销售；再换一次，又损失了一批轮胎。这样使得轮胎生产无法顺利进行，更无法扩大。

最大的艰难莫过于日军的侵略，抗战爆发后，"三厂"、"四厂"、原料厂和各地营业机构遭到破坏，"四厂"全部机器及部分原料等 120 余吨物资内迁途中也遭洗劫，损失相当于胜利前夕资本总额的四分之一。为避免日方的干扰，公司总部暂迁香港。1942 年受太平洋战争影响，原料中断，曾

中国首创第一 双钱牌国货汽车胎
(《申报》，1935年8月22日)

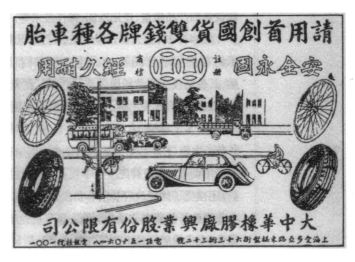

双钱牌轮胎广告
(20世纪30年代)

双钱牌橡胶套鞋广告
（20世纪40年代）

双钱牌系列橡胶产品广告
（20世纪40年代）

一度停工。次年开办"大中国企业股份有限公司",以商代工,谋求生存。抗战胜利后,又陆续盘进多家工厂,迅即恢复生产。

三、1949年后的发展与结局

1952年6月,产品由国家统购包销,企业接受加工订货组织生产,各门市部和发行所相继撤销。1954年12月,全公司实行公私合营。次年5月,公司迁至大中华橡胶一厂办公,改为总厂制,总部设在大中华橡胶一厂。1959年撤销总厂制,各分厂独立后均隶属于上海市橡胶工业公司。大中华橡胶一厂成为独立核算的企业。"文革"时,大中华橡胶一厂改名为

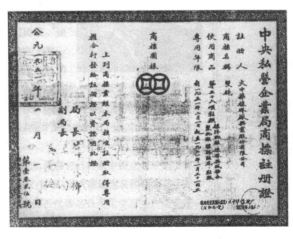

大中华橡胶厂双钱牌商标注册证
(1951—1971年)

上海轮胎一厂。1981年2月，恢复原厂名大中华橡胶厂。

1959年成为单独核算企业后，成为轮胎专业制造厂。中华人民共和国成立后新开的衡山路839号大门，成为该厂的厂址。原先徐家汇路的大门，因肇嘉浜的填没，变成肇嘉浜路后门，上班的人可以在两个大门进出。工厂大体占地32万平方米，较中华人民共和国成立前有所增加，建筑面积21万平方米。

20世纪五六十年代，工厂采用较新型的快速密炼机、压片机，首家引进联邦德国滚压包边成型机。18台老式成型机改进为后压滚包边半自动成型机，硫化设备和厂房均有改进、扩大，为生产技术发展创造了条件。1957年，"双钱"牌汽车轮胎在国内率先出口到东南亚、中东、欧洲等地，这种由进口到出口的转折，促进了产品的更新换代。1964年，首次试制出全钢丝子午线轮胎，接着专门建立中心试验室。新技术、新工艺、新产品的开发和应用，加快了生产发展的步伐，1970年轮胎产量比1957年提高了5倍。1973年起，大中华橡胶厂开始引进双模定型硫化机，进行"以机代罐"的更新改造。先后添置48台进口和国产双模定型硫化机，建成三条双模定型硫化机和一条年产5万条全钢丝子午胎工业生产线。1984年，在行业中首家引进美国F－270密炼机。1986年，从意大利引进一次法成型机、六角形钢丝圈成型机和钢丝帘布自动裁断拼接机等设备，促进了技术和生产的发展。1967年，试制成功国内第一条丁基胶内胎。1979年，又首先实现内胎生产丁基化，适应了国际市场的需要，分别获得1985年国家科技进步三等奖和1980年上海市重大科技成果三等奖。1980年，建立轮胎研究所，加强开发载重子午胎的技术力量。1983年，该厂载重子午胎被列入国家"六五""七五"计划和重点科技攻关项目，历年来共开发出12个新规格，加快了轮胎的更新换代。其中全钢丝子午胎新技术的开发及其在产品8.25R20上的应用，获1987年国家科技进步三等奖。1983年起，该厂与北京橡胶设计院及兄弟厂协作，对尼龙轮胎优质轻量化项目进行攻关，取得成功，于1990年被国家科委评为科技进步二等奖。1988年6月，该厂研制开发出11R22.5无内胎全钢丝子午胎，经美国北美国际企业公司测试使用，外观和内在质量均可与美国或日本、德国的优级轮胎媲美。此外，企业还将微机运用于生产控制和产品设计。1990年轮胎产量比1957年提高12倍，出口提高66倍。

但是这个厂存在的问题就是对城市的污染。笔者曾在该厂工作过几年，那时厂里大体有轧炼、成型、硫化、内胎和成品5个车间（后来设立全钢丝子午胎生产车间，变为6个车间）。笔者所在的轧炼车间，当时都放着做实验用的小白鼠（一年换一批，大约做了两年）。据后来做实验的单位透露，那些小白鼠显示的结果，车间里的空气和粉粒对动物伤害很大。不久前与老单位同事相聚，得知后来市里领导说过这么一段话：上海市区最"毒"在化工局，化工局最"毒"在大中华橡胶厂，橡胶厂最"毒"在轧炼车间。也许有点夸张吧，因为上海还有个正泰橡胶厂，厂里还有个硫化车间。在厂里的时候，人们认为硫化车间对人的危害实际上要超过轧炼车间。

轮胎的生产过程大体上是这样：轧炼车间把一包一包生胶切成块状，然后炼成素胶。由于轮胎的各个部分要求不一，比如胎面要耐磨，胎侧要耐曲折，胎心要黏连性好，胎底要硬实和省胶等，因此，把素胶再炼成其他混合胶的时候，就要放进不同比例的炭黑、抗老剂、特种油、硫磺和其他一些化学物料。这个过程中，轧炼的橡胶会快速升温，大量有害的气味也就随之挥发出来，飘散到车间之外、工厂之外。那些换下来放在更衣箱的衣服（上班时全部衣服都换工作服，包括内衣内裤）更不用说了，都有这种气味。炼成后的胶到成型车间，他们会根据要求，用汽油把胶一片一片黏合起来，完成后就送到硫化车间。随后在模具中高温硫化，将生胶变成了熟胶，一个轮胎就这样做成了。但是这个高温过程中所产生的气体，虽然没有炼胶时那么难闻，但把轮胎中那些有害物挥发出来了。这些气味也散发在空气中，飘浮在周边一大片地区。华侨大厦的住户经常向市里提意见，只是工厂赢利能力很强，是"创汇"大厂。据《上海橡胶工业志》记载："大中华橡胶厂是全国工交系统经济效益先进单位之一……1990年名列中国500家最大经营规模工业企业中第215位，中国500家最佳经济效益工业企业中橡胶制品业第2位，上海50家最大经营规模工业企业第33位，上海50家最佳经济效益工业企业第13位。""1990年，工业总产值36 400万元，资金利税率93.98%，人均利税额33 015元。"

　　当年笔者在那里工作的时候，听工厂领导做报告，记得在20世纪70年代中期时，人均创利1.7万元左右，那时工人的人均年工资也就 600 元左右。不过因为污染的问题，1984 年 9 月开始在闵行购地，建造新的工厂，准备逐步搬迁到那里去。

终于在 20 世纪末，工厂连同那里的居民都搬迁了。2000 年在原地建立了一座开放式的徐家汇公园，从污染地变为城市"绿肺"之一，这也使我们的城市发展进入了一个新的阶段。

衡山公园一带的田园风情

惜　珍

衡山路是沪上有名的具有欧陆风情的休闲娱乐街，它的风雅从东平路起蔓延一路，在靠近宛平路的那一段却内敛安静起来，全然没有了前面一段的灯红酒绿和繁华喧嚣。这一段是繁华热闹的衡山路最为安静的一段，从衡山公园开始的田园气息一直蔓延到衡山路结尾处的徐家汇，仿佛为充满时尚元素的衡山路画上了一个优雅的句号。

历史悠久的衡山公园

在衡山路与宛平路、广元路的交叉口有一处凹进去的地方，那里面藏着一个小公园，稍不注意就会错过。这个公园就是衡山公园，门牌号虽为广元路 2 号，但因和衡山路非常近，所以在本辑中特别说一说。虽然面积不大，却历史悠久，公园融合了中西园林建筑风格，有一种潜在深处的浪漫。

衡山公园最早的名字叫贝当公园，是在法国军队的营地上建造的。当时，这一带还很荒凉。1925 年 8 月，法国军队驻扎在贝当路（今衡山路）、汶林路（今宛平路）之间的贝当营房里，法租界当局嫌这里场地小，部队操练不便，便另觅地方设置营房。部队撤走后，这里成了一块空地，法国公董局决定把它改建成小花园。原址北部有一条旧河道，便用疏浚徐家汇河的河泥充作填土，后在其上种植树木，铺种草坪，搭建假山，还建造了一座亭子。1926 年 5 月，公园建成后对外国人开放，因坐落在贝当路上，故定名为贝当公园。1943 年 10 月，改名衡山公园，园名由当时的副市长赵祖康题写。中华人民共和国成立后至 1965 年，曾作为儿童公园和以盆景为特色的公园对市民开放。1965 年起，因建设工程需要，停止对外开放，大门紧闭，一关就是二十余年。1987 年春天，公园经整修后重新恢复开放。公园在基本保持原有绿化布局的基础上，改造了园内局部地形。公园中间是个大草坪，右侧小卖部前有供游人休憩的石桌、石椅。公园内还有座小假山，山下有个小小的儿童乐园，里面有摇船和旋转木马。草坪的北面原先设置着一尊高 2.6 米的青铜翔鹰雕塑，极有气势。也许是觉得老鹰雕塑和衡山公园的气质不是很匹配，1990 年，这尊青铜老鹰雕塑被迁移到钦州路田林东路的绿地内，这个绿地的名字就叫老鹰绿地。1991 年 11 月，衡山公园在大草坪一侧建造了爱国民主人士沈钧儒先生的塑像。公园周边，通过种植高大的法国梧桐树构成了公园与城市的边界，使公园景观与城市隔离，自成一体，围合出完全封闭的空间。公园门前采用一个分流岛将公园人流和城市人流区分开来并导向入口，这个细节很能看得出设计者构思的巧妙。

　　进入园内，中间大道上有三排种满了各式时令花卉的梯形大花坛，花坛中的花草拼图，呈现出有规则的几何形状，体现出法国花园的风貌，同时在不经意间将游客引入花园深处的沈钧儒塑像。两侧种植着木瓜海棠、珊瑚树、桂花树等，一排高大挺拔的水杉使园内景色分外清幽。园内一条环路将园区分为周边与中央两部分。主要公共活动空间集中在中央大片绿地中，而经由低矮小灌木构成的植物墙以及大型乔灌木形成的视线壁垒则在园中四周形成了具有强烈围合感的静谧空间。公园南边是衡山宾馆挺拔的身姿，成了公园极好的借景。衡山公园又好比是衡山宾馆的后花园，从宾馆窗口往下看便是衡山公园的一大片碧绿的大草坪，两者相互借

沈钧儒塑像（贺平 摄）

景，相得益彰。衡山公园与衡山宾馆就这样相看两不厌地彼此厮守了半个多世纪。

沿着法式风情的花坛步入公园中心地带，花木丛中坐落着长须飘逸的沈钧儒半身塑像。沈钧儒字秉甫，号衡山，原籍浙江嘉兴，1875年1月2日生于江苏苏州。1904年中进士，1905年赴日留学学习法政，回国后从事立宪运动，继而参加辛亥革命、倒袁护法运动、推翻北洋军阀的斗争和新文化运动，1927年四一二反革命政变后遭到迫害。以后在上海从事教育工作，执律师业务，掩护和营救许多共产党员和进步人士。1935年主持成立上海文化界救国会，翌年主持成立全国各界救国联合会，开展抗日救亡运动，当年11月被捕，为著名的"七君子"之一。1941年代表救国会参加筹备成立中国民主政团同盟（后改称中国民主同盟），1947年，民盟被国民党反动政府解散。1948年1月在香港主持召开民盟一届三中全会，宣布与共产党合作，推翻国民党反动政权，同年9月赴解放区参加新政协筹备工作。中华人民共和国成立后，历任中国人民政治协商会议全国委员会副主席、最高人民法院院长、全国人民代表大会常务委员会副委员长等职。1956年，任中央委员会副委员长等职，1956年任中国民主同盟中央主席，1963年6月11日在北京逝世。

沈钧儒塑像3米高的基座由三块不规则的巨大花岗石组成，由小到大向上托起塑像，象征沈钧儒一生经历过清朝、民国、中华人民共和国三个时代，始终如一为振兴中华而奋斗。用青铜制成的塑像高1.5米，面部笑容可掬，双眼微眯，须髯飘拂，有一种动感。成自然形态的四块大小造型不同的花岗石参差不齐地分布在基座两旁，在不规则中给人以和谐统一和力度的美感。塑像旁一块碗形巨石上镌刻着介绍沈钧儒生平的文字。沈钧儒号衡山，其塑像安置在衡山公园也算是实至名归了。沈钧儒一生爱石，他常说石头最坚硬、最纯洁，他的书斋就名"与石居"，公园里特地让沈钧儒的塑像与石同居，以遂他生前所愿。在塑像后有两座小山岗，上面栽植了几棵香樟树，山岗下有罗汉松、广玉兰、白玉兰、红叶李等点缀其间。每年清明时节，沈钧儒的亲属等都会到塑像前来祭拜，并奉上鲜花。

园内最引人注目的是三棵树龄已有 165 年的香樟树，每棵都有十几个分枝，有点独木成林的气势，十分壮观。这三棵珍贵的香樟树两棵在公园大门西面，一棵在公园东侧树丛中。公园中央有千余平方米的大草坪，高大的乔木与大块草坪、灌木、花卉组成各色景观。衡山公园是少有的没有以水构景的公园。全园规划布局自由，植物形式天然而少规则，虽隐约透露出当年法租界的文化气息，但与讲究人工设计的法国园林风格并不完全一致。原先的儿童乐园已被改建成健身广场，广场上铺设着塑胶地毯，健身器材齐全，绿荫丛中的这个健身广场很受市民喜欢。除了来健身的附近市民，还经常可以看见黄头发蓝眼睛的外国友人，我就看见过一家年轻的外国夫妇带着两个孩子到健身苑来健身，那种悠闲、自然，完全没有在异国他乡的隔阂感。一侧的长廊加盖了玻璃雨篷，下雨时供游人避雨。园内的紫藤花架下攀爬着一株已

有 115 年高龄的紫藤，花开时节，美不胜收，引得无数市民争相前往观赏。

壮观的中国铁路工人纪念塔

从衡山公园出来，在门前大型十字路口的圆形街心花园中心位置可见静静耸立着的中国铁路工人纪念塔，这里实际上是衡山路、广元路、宛平路、建国西路四条道路的交会处，面向衡山路处有三级台阶引领其上。这座纪念塔落成于 1991 年 1 月 6 日，由美国著名女雕塑家格洛妮亚·柯南设计制作，用钢铁材料制成。钢雕连底座高约 9 米，重 1.5

中国铁路工人纪念塔（贺平 摄）

吨，底座长 77 厘米，宽 75 厘米，中间一根直径 55 厘米的钢柱，整个塔体由三千枚铁路道钉连成一线，钢柱盘绕而上。该塔是美国伊利诺斯州政府捐赠给上海市民的，专为纪念为建设美国东西海岸铁路做出杰出贡献的 13 000 余名华工。

美国东西海岸的铁路由联合国太平洋铁路（东段）和中央太平洋铁路（西段）组成。1869 年 5 月 10 日，这两段铁路在美国犹他州的普鲁蒙托里角接轨，正式宣告了被誉为世界铁路史上一大奇迹的横贯美国东西的大动脉建成，堪称 19 世纪最伟大的工程。这条铁路建成后，美国才变成了一个真正完整的国家，连法国著名科幻小说家儒勒·凡尔纳在他的小说《八十天环游地球》里也提到这段铁路修建的意义。因为没有它，八十天环游地球永远只是个梦想而已。在这条铁路修成之前，从纽约到旧金山至少要走 6 个月，铁路建成后则只需要 7 天。

1849 年底，一批中国移民来到美国，他们中大多数是劳工。太平洋铁路西段要穿越整个内华达山脉，工程极为艰巨。西段铁路于 1863 年 1 月 8 日在加州首府萨克拉门托两条街道的相交处破土动工。从西部往东的路段，一开始便是最艰难的工程，横亘在筑路者前面的是海拔 2 100 米的内华达山脉，最初的 40 英里都是在崇山峻岭中穿行，必须建设 50 座桥梁和 10 多条隧道，施工条件极为艰苦。1865—1869 年间在铁路修建难以为继的状况下，先后有 13 000 余名中国劳工参与修建连接美国东西海岸的这条铁路大动脉。据说一开始招收筑路工人时，不少人认为华人个子矮小，体单力薄，根本没有能力参加这么艰苦的工作，还是铁路总承包人克罗科一语中的，他说："能建万里长城的民族，当然也能修铁路。"事实也正是如此，中国劳工安分守己，吃苦耐劳，聪明能干，任劳任怨。由于中国劳工的出色表现，中国劳工的人数越来越多，从前期的85%一直上升到后期的95%，占了筑路大军的绝大部分。这条铁路原计划修建14年，由于中国劳工的吃苦耐劳和聪明才智，仅用了7年时间就完成了，比原计划整整提前了一半的时间。

这座中国铁路工人纪念塔一侧下部的碑文上用中英文写着这样一段文字："中国建路工人所作的贡献是连接美国东西海岸并促成其国家统一的一个极重要的因素。本纪念塔用三千枚铁路道钉塑造，以表彰他们的业绩，并象征伊州人民和中国人民之间的持久友谊。美国伊利诺斯州政府赠。州长詹姆斯·R. 汤普森　塑造者格洛妮亚·柯南。一九九一年一月六日。"该绿地于2006年9月改建，并在塔的侧面刻有"道钉绿地，改建于2006年9月"字样。

纪念塔黑色向上的瘦高造型屹立在街心，显得很特别，又好似衡山公园和徐家汇公园中间的一个顿号。在纪念塔对面的衡山路上，便是徐家汇公园了。

凝聚上海百年风情的徐家汇公园

衡山路是上海著名的法式风情街，Art Deco 风格是衡山路上沿街建筑物的重要特征。地处衡山路一侧，和衡山公园仅一路之隔的徐家汇公园其实是一座大型带状绿地，那种浓郁的田园风情透过公园的枝枝蔓蔓飘散在衡山路上，清新的

希望之泉

空气令人心情舒畅，为在衡山路上逛累了的游人提供了一个难得的休憩之地，形成人与绿色自然的对话，调节了都市人疲惫的心理，无形中缓解了生活的压力。

　　徐家汇公园通过雕塑、雕塑墙、铺地图案和绿化种植等手段，以简洁的景观线条、高低错落的空间处理，在公园内延续了 Art Deco 风格和衡山路特有的法式风情。在绿树丛中有四块贴着雕塑的雕塑板，风格前卫的造型充分展示了现代设计理念。公园在衡山路宛平路交叉路口坐落着一座名为"希望之泉"的大型雕塑。"希望之泉"雕塑原作坐落于法国马赛建城纪念公园广场上，为表达对上海人民的深情厚谊，马赛市政府决定对此原作进行复制，于 2005 年 5 月作为当年中法文化交流年的礼物赠送给上海人民，使其成为中法文化交流史、上海和马赛友好城市交往史上的重要见证。整座雕塑坐落在一个花岗石喷水池中，造型犹如一本翻开的历史书，上面是用不锈钢材料镂空的大树截面，下面由26根水柱组成三种可以变幻的曲线造型，喷水时满园浪漫。在公园靠近衡山路一侧还坐落着美国雕塑艺术大师曼纽尔·卡博内尔于2007年4月捐赠给上海的铜雕作品《新一代》，这尊大型雕塑传递出满腔的母爱，雕塑家将上海比喻成新生的婴儿，希望将"爱"带给上海人民，它体现了人与人之间、国与国之间的友爱，是和平与合作的象征。这些雕塑作品和对面的中国铁路工人纪念塔互相呼应，共同构成了具有国际意义的城市景观。

衡山公园和徐家汇公园使这一带成为整条衡山路最具田园风味的地带。沿衡山路一路铺开的徐家汇公园，一直延伸到衡山路、肇嘉浜路的徐家汇。虽然建造于20世纪末，却是一座凝聚着上海百年风土人情的公园。这个以绿色植物为主的公园，特别突出了与原有徐家汇繁华商业圈以及衡山路老上海时期花园别墅风格的融合，通过保留建筑、雕塑小品、平静的湖面、景观天桥以及重新修缮的大工业时代留下的烟囱等景观，将公园连接为完整的城市绿地景观，而大轴线、对称分布、大色块在造景上的运用，体现了现代国际化的景观造景手法，是上海市中心难得的绿色植被与城市景观融合的综合性绿地。公园在保护和利用历史性建筑物，继承和表现城市文脉，运用现代空间构成手法造园等方面很有特色，为不同人群提供了多样化的活动空间，不失为一座现代感、人性化、文化内涵深厚的城市公园。面对周边繁杂的交通量与人流量，公园由南到北的地形落差处理得相当好，公园与道路之间也被设计成一定的高差，从而形成公园内部优雅静谧的休闲小环境，使开放式的公园与徐家汇商圈既自然过渡又俨然两个世界。公园北部的地形处理则采用了硬质铺装，以自然平缓的方式与衡山路相接，看似无意地将衡山路闲适宁静的氛围导入了公园，使游客漫步在公园，犹如徜徉于衡山路上一般。公园内有挺拔茂密的竹林，四季常青的松林，有展示热带风情的海枣和椰子，也有季相明显的栾树林，沿湖还有垂柳和桃李。绿化品种丰富，搭配合理。其整体布局好似缩小了的上海版图，带状的公园湖形同黄浦江，将公园分为"浦东"、"浦西"两大板块。特别是在"黄浦江"上架设了"徐浦"、"卢浦"、"南浦"、"杨浦"四座桥，并在湖面第一个弯道处设计了豫园景观，非常巧妙地展现了公园人文景观设计的精心构思。原大中华橡胶厂的烟囱、原百代唱片公司所在的小红楼是大工业时代与老上海风韵的遗存，体现了沪上的地域文脉与西方园林设计中"现代与传统的对话"。园内大量使用了模纹、绿篱和林荫道等符号化的景观表现，交叉直线的运用暗示了近代上海的城市肌理，试图勾起游人对老上海过往历史的回忆。

公园的骨架是由"一心、一带、三轴"构成的，由此组织起各景区和景点。"一心"，是公园中心的老城厢下沉花园，多条轴线道路汇聚于此，成为富有凝聚力的公园中心。"一带"是黄浦江水系及与之相伴的带状开敞空间，是全园的核心开敞空间，其他景区在其周边次第展开。"三轴"是三条直线型的公园主路。第一条是东西向从天平路、衡山路口延伸至中唱小红楼的林荫大道；第二条是位于公园中部，南北向从肇嘉浜路延伸至老城厢花园的林荫大道；第三条是东西向从肇嘉浜路、天平路口延伸跨越老城厢花园的景观天桥。在空间形态统筹安排上，用大中华烟囱统率全园，以水系核心空间、滨水曲线、轴线直路等构成空间形态大骨架，用景观天桥形成立交空间。

从公园西南入口步上台阶，迎面就是一根硕大的近百米高的铁锈红色的烟囱，烟囱外壁粗糙，一排铁质楼梯贴附其上，伸向顶端，烟囱下部是一个六边形的基座。基座正面刻着"徐家汇公园"五个大字，其余几个面上分别雕刻着中国唱片上海公司平面图、大中华橡胶厂厂区图、徐家汇公园建设纪事以及农耕、舞蹈、射猎、飞鸟白云、树木花草等浮雕。公园的纪事告诉人们，这片绿地所在地以前曾是大中华橡胶厂、中国唱片公司上海分公司和部分企事业单位旧址及居住区，这根高耸直立的烟囱便是有着 70 多年历史并曾为我国橡胶工业做出巨大贡献的原大中华橡胶厂用来排放污气的烟囱。大中华橡胶厂是我国早期最大的橡胶工业企业，也是最早制造轮胎和出口轮胎的工厂。该厂 1928 年由旅日侨商余芝卿和橡胶工业专家薛福基等创办于上海衡山路 839 号，起初主要生产"双钱"牌胶鞋、人力车胎等橡胶制品。1934 年开始生产各种"双钱"牌汽车轮胎、卡车轮胎，打破了国外轮胎垄断中国市场的局面。有意思的是，在公园建设中，大中华橡胶厂这根烟囱不仅没被拆除，反而增高了11 米。设计人员别出心裁地将"长高"部分的内部设计为布满光导纤维、外观镂空的"高帽子",烟囱一旦通电打开,光导纤维发出的光亮透出外罩,就像是烟囱顶端冒出的白烟,弥漫整个夜空,煞是好看。如今这根大烟囱已成为徐家汇公园的标志性景观建筑,它纪念了那个时代,警示着环境污染的危害。烟囱左边有一个人造小山坡,中央伫立着一座造型别致的小喷泉,四周是一圈梯形瀑布,水流倾泻而下流入人工湖中,在夕阳照耀下,水珠泛出晶莹的亮光。从浙江省长兴县移植来的500多棵翠竹与梯形喷水瀑布一起,再现了浦江源头景象。沿阶而下,便是亲水广场,那里设置了3个罩着透明玻璃钢棚顶的硕大棚架,下雨天,游人们可以坐在那里避雨,同时欣赏公园里的美景。

由大中华烟囱下的小广场向宛平路延伸的贯穿东西大半个园区的弧形景观天桥,是徐家汇公园最大特色之一,总长度258.9米的天桥采用充满现代气息的钢结构,桥面护栏还配上天蓝色的安全玻璃,轻盈流畅。这座象征着申城高架道路的天桥是贯穿整个公园的空中走廊,也是公园观景独具特色的场所。漫步桥上,葱茏绿色、人文景观,尽收眼底。跨越这座桥,犹如穿越"时空隧道",既可鸟瞰公园全貌,又仿佛在阅读上海的百年历史。天桥脚下是清澈的人工湖,湖底的鹅卵石隐约可见,一群群鱼儿在水中穿梭,好不自在。横贯东西的带状水系串联起全园的核心空间,弯弯的河道仿佛象征着上海的母亲河黄浦江蜿蜒穿城而过。凝神望去,只见人工湖上横跨着四座各具历史特色的桥梁,有用规整石块按传统工艺砌成的石桥,有仿古的拱形桥,有简洁的现代桥。湖边有一片白墙黛瓦的明清风格建筑,让人想起上海的老城厢，无形中把游人的思绪带入开埠前后的上海。沿着水系北岸是步行带，是游人亲水赏景之地，南岸则是绵延入水的自然草坡和婆娑的树林。

公园中心是老城厢下沉花园广场，模纹花坛勾勒出"老城厢"内交错的道路网。红木立柱、青石基、灰砖路演绎出老上海的风情。为了突出中国文化"元素"，设计者匠心独具，在圆形广场草坪上的大树下随意散放了大大小小十几扇古老的磨盘或是碾子，这些磨盘均有几十年的历史，是从山东民间收集来的，释放出一种古朴的乡村气息。它们是可视可亲的，走累了，游人不妨坐在上面，静静地休息一回，还可闻闻青草的味道呢。一边设置了儿童老人游戏健身区，在香樟和银杏为主的树林中布置着老人健身和儿童游戏的场地和设施。东部以竹林草地为背景，设置了三个篮球场，经常可以看到年轻人在那里运动的身影。

衡山路的晚霞：赵清阁、师陀和王元化在吴兴大楼
周立民

从衡山路地铁站走出来，沿路走到吴兴路口，右面有四幢高层建筑，门牌号是吴兴路 246 弄，人们通常称这里是"吴兴大楼"。从建筑本身看，它们普普通通，20 世纪 80 年代中期建的楼，特色也不明显。这几年，沪上的老建筑受人追捧，而这样的高楼是不入人眼的。一座房子，建筑本身，当然是一曲凝固的音乐，然而，它的人文价值，它承载的历史内容，我认为要大于建筑形态本身，不仅如此，恰恰是这些看不见的传奇、精神气息，让一座沉默的建筑有了自己的声音和个性。吴兴大楼，在百年建筑遍地的上海，属于年轻的"小弟弟"，然而，它见证了一群人不同以往的晚年，我相信在未来的城市史上一定会有它的位置。

只要说出几个名字，就能证明这样的判断并非凭空而来，住在这里的人有左翼电影、戏剧的领导人之一于伶，莎士比亚的翻译者孙大雨教授，曾任复旦大学校长的物理学家谢希德，曾任上海博物馆馆长的青铜器专家马承源，著名作家赵清阁、师陀，著名学者王元化……经历过十年"文革"，在改革开放的新时期，他们搬到这里，虽然已是桑榆晚年，可是，每一个人仍有很多抱负、计划，吴兴大楼伴着

他们走完人生最后一段路。

赵清阁：浮生若梦诗文泪

据说赵清阁是一位在落雪天存雪用雪水泡茶的人，这不由得让人想起《红楼梦》里的妙玉，让贾宝玉自惭形秽的姑娘。也难怪，赵清阁曾将红楼人物故事改编成话剧，结集《红楼梦话剧集》出版。朋友沈扬曾跟她求证此事："还记得1994年的一日，笔者去吴兴路清阁寓所看望，茶叙中，引出了雪水茶这件事（自然是我提出），清阁带笑回答'那是偶尔的事情'，接着一句是：'我哪有妙玉那样的好情致！'"（沈扬:《细节中的赵清阁》，《解放日报》2016年3月28日）"偶尔"已足以让人浮想联翩，这是一位怎样的女子啊?

细想一下，20世纪40年代在重庆，赵清阁不过三十岁上下，就与很多前辈作家交往密切。郭沫若在信中与她开玩笑，茅盾晚年赋诗说："黄歇浦边女作家，清才绮貌昔曾夸。"（《清谷行》，《茅盾诗词》，河北人民出版社，1979年，第86页）老舍与她合作创作剧本，田汉、梁实秋、梁宗岱等人与她都来往颇多。这一定是一位吸引人的女性，所有这些，历经岁月的酿造，在多少年后又散发出别有意味的酒香。"沧海泛忆往事真，行云散记旧风尘。"这不仅是赵清阁晚年的诗句，还是她晚年写作的主要内容。她是幸福的，有那么美好的往事可以回忆。在她的笔下有一个个鲜活的人物，白薇、谢冰莹、方令孺、俞珊、沉樱、安娥、许广平、

沧海泛忆往事真凄云散
记著风尘浮生若梦诗文
洄不堪回首老病身

昨立春偶仍犬绝一首句中嵌进余之散文集书
名尚觉自然贴切统有意趣

庚午新正赵清阁于海

赵清阁自书诗
（1998 年）

赵清阁《浮生若梦》书影
华岳文艺出版社，1989 年版

陆小曼、陆晶清、冰心，这些女作家都是她的朋友；茅盾、阳翰笙、梁宗岱、刘海粟、傅抱石、齐白石，这些前辈也成了她的忘年交，赵清阁用文字把他们从遥远的往昔唤回来。

她回忆在重庆"文协"举办一周年纪念会时，几位作家斗酒的情景：

武汉一九三八年底沦陷，"文协"随难民撤退入川，翌年三月，在重庆举行了一次"文协"成立周年纪念会，晚上还借"生生花园"举行了宴会。"文协"会员济济一堂，像武汉时"文协"成立那天一样，意气风发，斗志昂扬。虽然前方战局不利，节节败北，但我们是前方坚强的后盾，都有抗战到底的决心，也有最后胜利的信心。

宴会上我和安娥、白薇、陆晶清、王礼锡等同桌，安娥好闹酒而没有量，晶清善饮。邻桌洪深向安娥、晶清和我挑战摆擂台，斟了三小碗酒，要我们三个人喝完就算赢，否则受罚。安娥一碗未尽，晶清不服，也只喝了一碗。白薇直嚷嚷"不能输给他！"这时安娥要我上阵，我虽嗜饮，却有点望"碗"生畏，但又不甘心认输，就硬着头皮把第三碗酒喝干了。轮到洪深，安娥让他也喝一碗，他没喝完已经醉了；于是他输了应受罚，可他想赖，我们哪里会依，安娥便向主席桌控告。郭老推邵力子先生当法官，邵先生裁判，罚洪老夫子唱了一段京剧《玉堂春》中的"女起解"，博得一片掌声。

（《挥泪记安娥》，《浮生若梦》，华岳文艺出版社，1989年，第294—295页）

端木蕻良赞扬这些回忆文章："看到你写的一些回忆，我真佩服你的记忆和对事物的体会，这也可以是一个时代的真实记录。是一代知识分子（艺术家）的写照，这是十分可贵的，我不会奉承你，这点你是知道的。"（1990年6月18日致赵清阁，《沧海往事：中国著名作家书信集锦》，上海文艺出版社，2006年，第87页）岁月更替，人生沉浮，故友凋零，一切都成梦，这种感觉是一种说不出的痛。洪深的女儿洪钤曾写道：

> 一九九四年六月初，赵清阁阿姨在饭店请客，这不符合她一向的行事方式。那天应赵阿姨之约去的人，除了我母亲之外，其余的都是她的晚辈，总共在一起还没有凑到一个满桌。那天去的人，没有一个是把"吃"放在心上，只是感到有些意外。原来，赵清阁阿姨是借"庆祝"自己80岁生日这个机会，要和关系比较亲近的朋友们聚一聚。吃饭间，赵阿姨主动提到："我八十岁了。近来，常有人问我：一个人生活，是否孤单。"稍停后，她用稍稍提高些的声音，仍是平静地继续说："我的回答是：我不孤单，但我感到孤寂。因为我的好友，一个一个都离去了。可以交流的朋友越来越少，以至都没有了。因此，孤寂之感油然而生。"（洪钤：《梧桐细雨清风去——怀念女作家赵清阁》，《香港文学》

2009 年 10 月号［上］/11 月号［下］）

孤寂，占据着赵清阁晚年人生。谈到自己书房的"小物件"，睹物思人，她也有一番伤感：

> 我这辈子几乎三分之二的岁月，都是在书斋里度过，与书为伍，与笔为伴。
>
> 书斋除了书籍和"文房四宝"之外，我也喜欢陈列一些小摆设，包括各色手工艺、古玩（多是赝品）、字画、盆景。它们的特点不在于精，而在于小，我收购的时候就专着眼于"小"，越小我越爱。女诗人方令孺笑我是孩子的癖好。她也有同好，我们都很珍视这点可贵的童心。这癖好，这童心，至今未泯，每当我忧烦和疲惫，便把玩这些小东西，它们会使我暂时忘记自己的年龄！小摆设有买来的，也有不少是朋友赠送的，"文革"时丢失一些，也保存了几件，如洪深送我的小铜虎，阳翰老夫妇送我的布老虎（"虎"乃我的属相），冰心送我的花瓶、红豆，傅抱石送我的图章并代我刻了名字，老舍送我的砚台、水盂……这些我都视为珍贵的纪念品，它们都伴随了我数十年，馈赠的人有的已作古死别，有的亦生离千里，睹物思人，能不惆怅怃然！（《恨水流何处》，《长相忆》，学林出版社，1999 年，第 148 页）

此文写于 1989 年 8 月，赵清阁搬到吴兴大楼的住址已经有两年多了。对这次搬家，我曾请教与赵清阁晚年多有交往的沈建中先生，他是这样答复我的："赵清阁先生住址是吴兴路246弄3号楼203室（她故去后被保姆卖掉了），她是1987年由长乐路迁至此地，乔迁是在3月8日妇女节，那天是星期天，我还去帮忙。好像是市委宣传部分配的，听她说起是在洪泽的直接关心下分到的。二室一厅，她住一间，另一间是保姆住。"（2018年3月27日致笔者电邮）搬家日期，高天星等人撰《赵清阁文艺生涯年谱》（续）（《新文学史料》1995年第4期）记为2月22日，并交代这是"文革"中房子被占后的第三次迁居，第一次是1973年上海电影制片厂"造反派"用高压手段占房，迫使其迁出华山路住所；第二次为恶邻所欺，迁出巨鹿路820弄39号；这一次是赵清阁一再反映才落实政策的结果。1987年（未署具体月日）赵清阁给老友阳翰笙的信上说："迁居一月，迄今犹感疲惫。但晚年能得此陶然安居之所，亦堪庆幸了。"（赵清阁编：《沧海往事：中国著名作家书信集锦》，第271页）一向关心赵清阁的阳翰笙在1987年5月6日致赵清阁的信上说："三月二十二日来函获悉，得知你搬家已大致就绪，总算有了一个较适当的住所，甚欣慰。"（赵清阁编：《沧海往事：中国著名作家书信集锦》，第13页）看来，虽然居室不大，她已心满意足了。

赵清阁换房的经历，从一个侧面看出她所受到的并不公正的对待。这其实从1950年就开始了：

一九五〇年二月，上海市召开第一届文代会。那次会议让赵阿姨第一次"领教"了新的社会环境的"威力"。会前，文化系统领导指定要赵清阁作为"白专典型"在大会上公开进行"自我批判"。当时赵阿姨还算年轻，极有个性的她，"棱角"还在，她对这样的一种"要求"，当然不能接受。赵阿姨态度坚决地表示：不接受会议的这个安排。于是，在指定赵阿姨做公开自我批判的前一天，有关领导派了赵阿姨的朋友、戏剧家熊佛西先生和另一位朋友一起去到她家，进行说服工作。两位受命而来的朋友，向赵阿姨表示了不完成任务就不离开她家的态度，熊先生的话，都说到了："我要'求'你了！你不肯，我不好交帐。"这个地步。双方僵持到近凌晨，最终赵阿姨虽然答应了，但有前提："绝不涉及政治，只谈创作，可以检查文艺思想。"并表示："如果我提的上面同意，我今晚赶写发言稿。若不可以，明天我会都不去开了。"第二天，赵清阁阿姨满腔委屈地上了台，她是一直眼泪不止地做着"检查"——台下听的不少人，还以为她是因为检查"深刻"而哭。真是阴差阳错哭笑不得。（洪钤：《梧桐细雨清风去——怀念女作家赵清阁》）

1952年，赵清阁随同私营的大同影业公司并入国营联合电影厂，任该厂艺术处干部。文艺界"整风运动"后，她又被安排到资料室工作四年，一个作家变成资料员，她也默默接受了。1956年底，许广平作为全国人大代表在上海视察时，提出赵清阁工作不对口，才促使赵清阁返回创作岗位。次年五一，周恩来在上海举行电影工作者座谈会，巡视会场后，问："赵清阁怎么没来？"总理过问，使得她在年底周恩来再次来沪召开的文艺工作者座谈会成为座上宾。"文革"结束后，第四次文代会召开，赵清阁最初也被排除在外，还是茅盾为她打抱不平，"特邀"她，她才有机会与会。（参见赵清阁：《大文豪久远流芳》，《长相忆》，第160—161页）对此，茅盾在1979年9月5日致姜德明的信中，还表示大惑不解和不满："赵清阁政治上一贯拥护党，上月她来京曾两次拜谒邓颖超同志，邓大姐且为她不为上海选出之四次文代大会代表而为特邀，表示不平。（此次上海不选袁雪芬，而把文化行政官员选出，且扬言袁雪芬自有中央特邀，上海乐得多出一代表，各地类此情况颇多。有人说此次文代会一半代表是文官，可称为文官大会。）"（中国现代文学馆主编：《茅盾书信集》，百花文艺出版社，1987年，第147页）

了解文坛世故的人，或许不难理解，赵清阁以文会友，无帮无派，也无职无权，她热爱写作，视写作为自己的第二生命，却并不热爱文学江湖，不为沽名盗名而奔忙。然而，我能够体会到，老太太也憋着一股劲儿，她感受到压抑，表现出更为强劲的坚持。她不想用什么去换取利益，不想污染自己的人品，却并不等于不迎着寒风绽放。当年，梁实秋曾为赵清阁画梅花图，边上题词是："直以见性，柔以见情，此梅花之妙也，今以此二语移赠清阁，以为如何？"这也道出赵清阁的品性。

赵清阁晚年在寓所

1993 年 11 月 24 日，赵清阁在给韩秀的信上谈到她晚年的计划：打算编一本散文集，再编一本友人给她的书信集，最后编一本话剧集、诗集，就封箱搁笔。她说："愿上帝假我以寿，让我再活几年，把未了之事干完，也就心安了！不是为稿费，是不大甘心文坛对我几十年来的压制！（你会理解）"后来又补充："这封信写了两三天，很矛盾，又觉得还是洒脱点的好，一了百了可也！'文章千古事'，何必争一时之短长?！'得失寸心知'耳。唐人早有此悟性，吾当受教！"（见傅光明《书信世界里的赵清阁与老舍》，复旦大学出版社，2012 年，第 93—94 页）心中有不平，却又坦荡地自我化解了。遗憾的是，病魔没有放过晚年的赵清阁，出书，在 20 世纪 90 年代后期也是一件很困难的事情，她的计划屡屡受阻。诗词选，她已经编好，用牛皮纸装订成册，有一家出版社曾考虑接受，却没有结果。她花了很多心血的友

老舍题赠赵清阁寿联
（1961 年）

朋的书信集，在她的生前也未能出版。老人编选这本书信集，等于沉浸在一生的友情海洋里，有人回忆，1996 年，"当时正值酷暑时节，赵先生因病入住华东医院。医生嘱其静心疗养，严禁写作。但因一家出版社同意出版，赵先生冒着高温增删加注，审阅四五稿之多，并写了序言。……当时她只想早点交稿，日夜奋战，终于受到了医院领导的'批评'。但她却说：'我能工作的时间不多了，我就是想让这本书早点问世。'甚为遗憾的是那家出版社改变了主意，这本颇具史料价值的书也未能出版。"（徐霖恩：《独领风骚的女作家赵清阁》，《世纪》2000 年第 3 期）

在这本直到 2006 年 10 月才出版的书信集（即《沧海往事：中国现代著名作家书信集锦》一书）中，十分难得地收入了老舍的四封信，而其他她与老舍的多封通信，则在 1999 年 11 月，她最后一次住院前，全部亲手烧掉了。她对朋友说：她把那些信和所有的副本，放在脸盆里烧了，她亲眼看着它们被烧成了灰。

我没有机会走入赵清阁的书房，据说那里挂着 1961 年 6 月老舍为庆贺赵清阁生日所写的对联："清流笛韵微添醉；翠阁花香勤著书。"

师陀：意欲展初志，已成皤然翁

诗人于坚在《装修记》中写道："我分到自己的房子的时候，已经 36 岁。真是受宠若惊，拿到钥匙，芝麻开门，立即置身在空荡荡的房间里，太大了，50 多平方米。对过去在这个世界上一直是只有一张床位的我来说，真的是太大了，感觉是可以骑着马像农场主那样在里面溜一圈。为了这一天，我等了十多年，终于有自己的房子了，幸福啊，比找到了白雪公主的王子还幸福。"他还强调："那个时代房子的分配制度给我这种印象，就是它与社会地位、官衔、级别、资历等等相联系的。"（《装修记》，《人间笔记》，云南人民出版社，2004 年，第 145、146 页）房子问题，在当年不知困惑多少人，特别是在中国第一大都市的上海，老作家师陀为了摆脱住房的困境连年呼吁。

1984 年 7 月 28 日，师陀在给沙汀的信中道出夏天的苦楚："我因住房狭窄，平常尚可将就着住和用，一到夏天，便难周转，故于十六日晨逃避到普陀山来了，为着工作的缘故。"（师陀著，刘增杰编校：《师陀全集》第5卷，河南大学出版社，2004年，第64页）这处房子还是1981年搬进的，在武康路，离巴金家不远。当年8月2日，师陀给刘增杰的信上说："我已经于上月底搬家，新址为'上海武康路280弄35号'。"（《师陀全集》第5卷，第15页）这处房子是怎么一个情况呢？在师陀为房子奔走的时候，不断地提到他的窘迫：

> 外地有朋友来信问我的处境是否改善，直到现在我仍旧住两间破房子，一间归老妻做卧室，一间做我的工作室、会客室兼我和儿子的卧室。有客人来，简直转动不开。好几［年］来我要求增配一间廿多平方的新公房，至今无人理会。（1984年9月9日致沙汀，《师陀全集》第5卷，第66—67页）

为此，他不得不给担任领导职务的作家写信，一个文人要开这个口，想来不会毫无顾虑，能够让他这样，真是万不得已。

> 我的住房只有两间，地板结构，共计面积五十二平方公尺。另外煤气、大小卫生间、灶间俱全，全部独用。只因其中一间做我的书房、工作室、会客室，兼卧室；我儿子廿多岁了，仍和他妈妈同住一间，甚是不便。因此急需增加间数。现有兴国路41弄1号楼新工

房底楼，水泥地板，面积和我现在住房相仿，唯间数较多。据查此新工房产权属市委所有。请求市委有关部门准予调换，照顾我这个辛勤写作了五十多年的老人如何？谨此申请。（1985年2月10日致夏征农，《师陀全集》第5卷，第85页）

前年曾蒙关心恢复我的工作，此种厚谊，将永远铭记。

今有一事相烦。我现在住房只有两间：一间由我使用，既是书房，又是会客室，又是我的卧室；一间归我老婆和儿子使用，我儿子廿多岁了，仍跟他妈妈睡一个房间，极为不便。"四人帮"倒台后，曾通过上海市文联向上海市〔委〕宣传部请求增配住房，后又向上海市、徐汇区申请增配住房，均无结果。现在上海市委有一部分新工房，可否请你这位老前辈写信给胡立教同志，请他照顾一下辛勤写作了五十多年的作家，在上海中心区增配一间工作室或者将我的住房由市委收去，调换三间一套的住房？使我有生之年，安心为大好形势写作，我就很满意了。（1985年2月17日致夏衍，《师陀全集》第5卷，第86页）

身入晚境，想到的还是写作，是改善写作条件："照顾我这个辛勤写作了五十多年的老人如何？""使我有生之年，安心为大好形势写作，我就很满意了。"一介书生，这样辛酸的话，令人唏嘘。现实的境况，也使师陀在某些时候表现出很激愤的一面，甚至难以想到，这是一位温文尔雅的作

师陀在写作（1986年）

家。《师陀全集》中收有一封1986年5月2日致作协上海分会书记处的信，谈的是退休的问题，满篇恼火。

我接到你们一九八六年五月二十八日的通知及根据主席、副主席制定的《专业作家聘任办法》（修改稿）第四条，对照同年四月二十三日所发的《专业作家聘任办法》（草案）第四条，仔细研究，不胜骇愕。你们搬用的只是国务院的离退休条例，殊不知全国作协是直接由党中央通过中央宣传部领导的，全国作协的专业作家队伍，也是由党中央通（过）中央宣传部领导并由全国提名经宣传部任命的，全国各省、市、自治区的作协分会，也由各省、市、自治区党委通过宣传部直接领导；全国各省、市、自治区作协分会均设有专业作家，其产生由地区作协分会推荐，经地区党委宣传部批准，而非由国务院批准和任命，其离退休显然不受国务院离退休条例约束。因为上自党中央，下至各地区党委及所属部门就由他们直接领导群体成员，任职离退，全按照党中央制定的条件，而非按照国务院制定的条例。党委尚且如此，在党中央未制定出全国专业作家离退休条例以前，我建议对专业作家离退办法暂缓执行。作为中国作家协会上海分会副主席之一，对你们寄来的《专业作家聘任办法》（修改稿）第四条，由于它不合理，我坚决反对。如果你们一定实行该《办法》（修改稿）第四条，我保留向上级申诉的权利。（《师陀全集》第5卷，第93页）

关于退休的事情，师陀早就有怨言，今天，我们可以理解为，他们被白白浪费了很多大好青春年华，终于赶上好时候，却要他们退休，这种捍卫工作权利的不甘，同样让人感慨。1981年11月2日给胡乔木（《师陀全集》中写"致某领导"）的信中，他说：

> 另外有一事向您请示。我原是作家协会上海分会专业作家，按规定，六级以上专业作家并无退休制度；而"四人帮"倒行逆施，在十年浩劫中我跟您一样受到种种迫害，最后并对我大耍无赖流氓手段，甚至加以威胁，逼我退休。我虽然不服，只得忍气吞声服从他们的命令。"四人帮"倒台，我跟大多数受尽迫害的人一样，如剥〔拨〕云雾而见青天。我曾经多方呼吁，要

求恢复我的工作，至今四年有余，如石沉大海，迄无消息。不管在十年浩劫中被强迫退休或自动申请退休的，都早已恢复了工作。您的工作极忙，我本来不想打搅您，但是我没有别的法子可想，只好向您写这封信，请求恢复我的工作。您是中央书记处人，深知文学艺术对世道人心的作用，也是间接对四个现代化的作用，我想您不会不管吧？（《师陀全集》第5卷，第79页）

之后，我还看到师陀1985年9月25日"揭发"上海作协情况的信，同样是写给胡乔木的：

　　我从去年下半年起，在作协上海分会就受排挤。上海分会旧党组分为两派，这是你知道的，听说你曾经表示要亲自抓这个问题，结果胡立教同志抓了。胡立教同志委托吴某人筹备召开上海文代会，一年多未见眉目，最后他只好另外委托夏征农同志，至于详情，你可能已经知道了。上海开文代会的结果：吴某事先给巴金找得一位代理人，他在其一派中给自己找到一位代理人。我和原旧党组中两派没有任何关系，不知何以遭到吴某一派的排挤。还有一个王西彦，自称三十年代在北平就与我相识的"老朋友"，自从你给《无望村的馆主》[写的]序发表后，见到我就像不共戴天的仇人；去年全国作协选举理事，我的名字被从候选人名单中"调整"掉以后，他如愿以偿：见着我自称"老朋友"了。我既然遭到排挤，自己也很识相，作协上海分会的会议便不参加，上海笔会的会议也不参加。

上海文学界的思想斗争是假，争权夺利的斗争是实。发了许多牢骚，不太像祝贺信了，请你原谅。（《师陀全集》第5卷，第80页）

看到这些，我有些瞠目结舌。这哪里是我通过作品感觉到的那个意气风发的小说家？要知道当年的师陀可是如日中天的青年作家，李健吾（刘西渭）曾把他的作品与沈从文的《湘行散记》、艾芜的《南行记》比较评论，认为："诗是他的衣饰，讽刺是他的皮肉，而人类的同情者，这基本的基本，才是他的心。"李健吾还称赞《过岭记》是"动人的杰作"。（《读〈里门拾记〉》，刘增杰编：《师陀研究资料》，北京出版社，1984年，第208页）写《中国现代小说史》的夏志清，认为师陀的小说《结婚》是"一部真正出色的小说"。（《中国现代小说史》［节录］，刘增杰编：《师陀研究资料》，第317页）《谷》《里门拾记》《落日光》《无望村的馆主》《果园城记》《马兰》《结婚》，那些年，师陀写得多，也写得好，越写越有个人特色。然而，1949年以后，这位天才小说家失去了通灵宝玉，笔墨变得异常艰涩。

或许，这与他的小说《历史无情》遭到腰斩有关。这部小说当时在《文汇报·笔会》上连载，经手其事的是他的老朋友唐弢和柯灵，没有多久，便遭到一份报纸上署名"苏北青年"的批评，主要是批评小说里写到一个仆人爱上主人，用简单的阶级的观点分析，大约是说不通的，当时正是 1949 年末或 1950 年初，时代在转换中，新社会的气象十足，面对着这样的指责，报纸的压力很大，两位朋友当着师陀的面商量办法，最后只能无奈地说："没有办法，只好腰斩！"巴金先生在晚年曾为老友感到深深的不平："师陀有才华，又很勤奋，却未能献出自己心灵中的宝贝，写出本来属于他的文学精品。解放初期上海某报腰斩《历史无情》对他是不公平的。"（《西湖之梦》，《再思录》，作家出版社，2011 年，第 94 页）这是实情，20 世纪 50 年代，师陀在河南体验生活，写出的作品难以令人满意。他对历史有兴趣，写过四幕历史话剧《西门豹》、独幕喜剧《伐竹记》、历史小说《西门豹的遭遇》，这些作品不乏为配合形势而作，可是师陀刚刚写出一点感觉，大批判便来了，他只有检讨的份儿，哪还有创作的欲望？"文革"结束后，他只写过一些回忆创作的文章和一些散文，笔墨找不到昔日的光彩。他的老友黄裳也在感慨：

> 平时谈话，他也有不少独特的见解。如他不承认书法是艺术，又认定《金瓶梅》的作者是吴承恩。他曾仔细研究，在语言、习俗等方面发现《金瓶梅》与《西游记》有不少血缘关系。曾劝他写文章，总是迟迟不肯动笔。他颇有些藏书，房间里摆着商务百衲本二十四史，常说在这部大书里可以发现不少创作素材。可见他在晚年是有意从事历史题材的创作的。但终于缺乏动笔的兴致，没有能留下什么成绩。……他的旧作重印的大约有三四种。有的他自己也没有存书，曾替他从旧书

店里找到过几种，但也没有重印的机会。这是想起来也不能不感到寂寞的。（《忆师陀》，《师陀全集续编》研究篇，河南大学出版社，2013年，第579页）

所幸，师陀晚年遇到胡乔木，后者可以说是他的福星。经沙汀的推荐，胡乔木看了师陀的中篇小说《无望村的馆主》，大加赞赏，此书重印，他亲自作序，并发表在1984年9月5日的《人民日报》上，序中称赞："这部书对认识中国近代地主社会有一定的价值。……它既有自己的乡土色彩，而叙述的事件又相当奇特，所以又有独自的贡献。"并说："一个好的小说家未必是一个好的文章家，作者却把这两者都做到了。这是这部中篇的另一个可贵之处。"最后呼吁"全国文艺爱好者"注意这部作品，并表达自己的喜爱之情："这本书最初出版时由于当时的环境发行有限，现在重印，希望它能得到全国文艺爱好者的注意。我不是文学评论家，对于作者的人和作品都缺乏研究（我对作者只通过几次信，至今还不认识，他的作品读过的恐怕也不到五分之一），当然不致胡涂到说这是什么伟大的杰作。我只想说，读者看了这本书会喜欢它，会跟我一样感谢作者用优美的文字叙述了一段悲惨、荒唐而又真实可信的历史，这段历史就产生在我们自己的土地上，离开现在不过半个多世纪。"（《序新版〈无望村的馆主〉》，《胡乔木文集》第3卷，人民出版社，1994年，第377、378、378页）胡乔木长期担任主管意识形态的领导，他如此热情的推荐，对于改变师陀的现实处境或许不无裨益，包括他的书的出版，乃至房子问题。1987 年 1 月 25 日，师陀致信胡乔木，又一次为自己的房子问题呼求。

> 蒙你接见，亲聆谈话，实前所未闻，现在中央下了决心，风气会逐渐好转，文艺方面尚待纠正。
>
> 我各方面都好。只是到了老年，总想为国［为］人民多做点有益工作，唯一的困难是与儿子同居一室，势难如愿，苦不堪言。为此，至盼关照贵秘书，以你的名义，给上海市有关方面写一信，请他们增配一套房子，解决我一家三代仅住房子两间的困难，更重要的是［使］我有可能进行写作。何如？（《师陀全集》第 5 卷，第 81 页）

不知道是不是这次写信起了作用，当年，他的房子问题总算解决了。1987 年 8 月 14 日，他在给刘增杰的信上通知："我已于日前搬家，新址为：上海吴兴路 246 弄三号楼 202 室。"（《师陀全集续编》补佚篇，第 446 页）新居也不是十全十美，好在妻儿高兴，他也心安。他给刘增杰的信中谈到了新环境："此地近衡山宾馆，购物却不方便，对过即市检查［察］院及徐汇区检查［察］院，拘捕和押解罪犯受审的车声时有所闻。住房面积反比原先小，陈婉芬、庆一满意，我也只好满意了。"（1987 年 9 月 21 日致刘增杰，《师陀全集续编》补佚篇，第 447 页）那一年 10 月，师陀再一次回到故乡河南，按说房子问题解决了，应当高兴才对，然而，他的老朋友苏金伞也能看出来，他"心情不愉快"：

"第二次回河南，是 1987 年 10 月，是随上海作家代表团来河南访问的。访问结束后，他还想留下来写东西，因为上海居住条件差，缺乏写作的环境。这时他已是步履艰难，上下楼也不方便，又无人陪护，大家都不放心。上海作协党组来电劝他回去，并说新居已定，让他回去搬家。他当时心情不愉快，满腹牢骚。我送他到车站时，可谓怏怏而别。"（《悼师陀》，《师陀全集续编》研究篇，第 551 页）黄裳的文章中也特别提到在旅行中师陀挂念写作的事情："这次旅行，大家都轻车简从，只有他带了一只铁箱子，装着写作资料，说是要在郑州住一阵，完成几本著作，其中就有重定蒋大鸿的诗集。可是大家不放心他的健康，还是一起回来了。"（《忆师陀》，《师陀全集续编》研究篇，第 579 页）

他终究还是没有完成自己的写作计划。在吴兴大楼，他仅仅住了一年多，次年 10 月 7 日，因医疗上的意外，突然去世。黄裳说："他去世那年已年届八十，朋友们打算给他祝寿，连日期都已定好了，不料他却骤然去世了。"（《忆师陀》，《师陀全集续编》研究篇，第 579 页）这之后三十年，我偶然读到师陀写于 1980 年 10 月 11 日的一首《书怀》，文字是有灵性的，这首诗让人读来真是五味杂陈："游子辞故里，一去不复还。冉冉老将至，萦绕梦寐间。忆昔慷慨去，一往直无前。每与狗徒交，实增纨绔衫。期以有所成，焉知遭摧残？终不眨［贬］志节，耻上首阳山。十年离乱久，九死复一生。意欲奔'四化'，狡狐当路中。意欲展初志，已成皤然翁。虽成皤然翁，犹冀同辈与后人，誓扫天下狡狐环宇清。天下清后探旧屋，旧屋久已毁，故旧多不存，愿与

乡人庆升平。"（《师陀全集》第3卷，第730页）

王元化：要做世上的盐

1986年11月13日，后来成为王元化的博士生的吴琦幸第一次到吴兴大楼拜访王元化：

> 下午，我骑着车来到靠近衡山路的吴兴路246弄3号楼楼下。看了看手表，二点三十五分，时间有点早。这只上海牌手表，是十二三年前母亲为了祝贺我上大学给我买的，指针虽然有点生锈，但是走起来却非常的精准。我第一次莫名得紧张起来。于是开始端详起这座大楼。这里并排着三幢一模一样的大楼，仰头望上去，大概足足有二十层楼高。据说一些著名的人士都住在这里，有复旦大学校长谢希德、画家程十发等。王先生住在这幢大楼的第十层。电梯是由管理员阿姨操作的，我踏进去，她问我，到几楼？我说到第十层。她说去找王部长的吧。我点点头。电梯带着轻微声响嘎吱嘎吱地慢慢上升。门开了，阿姨说十楼到了。我似乎还有点迟疑地不愿走出去，阿姨提高声音说，十楼到了。我这才如梦初醒地走出电梯门。外面过道是左右两户的门，1001室在楼道的右侧，我轻轻走去，按了电铃。
>
> 门打开了，一位五十岁左右的清秀女性出现在门口，她优雅地给我一个真诚的微笑，轻声地说，来啦来啦。似乎我是等待已久的客人。我还没有自我介绍，她

就说，你就是吴琦幸吧？我腼腆地点点头。进来吧。还是那样的轻柔。

一声亲切的招呼，一个荡漾的微笑，令我的腼腆之意顿消。走进门，阳光布满客厅，约有十五平方米，靠着窗是一长沙发，端坐着一位学者。他就是王元化。为我开门的则是他的夫人张可，我后来的师母。

此时的王元化先生，卸任上海市委宣传部长一年多，丝毫看不出官样，满面是学者的儒雅风度，隔着银丝边眼镜后的双眼中透着睿智的光芒，盯着你看的时候有一种执着，似乎要看到你的心里。他让我在右手边的单人沙发坐下，然后看着我，脸上充满着一种别样的和蔼，左手在沙发靠椅上，不停地用手指弯曲重叠，似乎在书写毛笔字的意思。他开口就问我读了些什么书，我说自己在汉语大词典工作了四年，此前也是古文字的爱好者，曾经在罗君惕家中从头到尾学过《说文解字》。罗先生用他的稿本《说文解字探原》来教学。（吴琦幸：《王元化谈话录》［1986—2008］，上海人民出版社，2015年，第9—10页）

当天离开时，望着三号楼，吴琦幸还留下很多诗意的情绪："走出一楼电梯的时候，我返身抬头向高楼望上去，十楼，这是王先生和张可老师的住宅，白云在高楼顶上飘过，蓝天作为背景，渐渐地，我觉得白云在亲吻着楼顶，一刹那间，我觉得楼不算太高。"（《王元化谈话录》［1986—2008］，第13页）11月21日来时，他还写到王元化的书

衡山路的晚霞：赵清阁、师陀和王元化在吴兴大楼 | 233

房："先生的书房在客厅的左边，餐厅的隔壁，一间约十平方米左右的房间。一进去是一个老式的书架，用玻璃门罩着三大排书，最醒目的是全套石印本《皇清经解》。对面是一张书桌和满壁的图书。"（《王元化谈话录》[1986—2008]，第17页）12月7日，他更为详细地记下了他看到的王元化的藏书："王先生的书房门与餐厅并排，一走进去靠右手便是一矮橱柜，玻璃门后面藏着一柜他常用的书籍，其中除了整套的《皇清经解》之外，还有《经籍籑诂》、《康熙字典》、各种版本的《文心雕龙》、曾经发表在日文学术期刊上的论文原著、《十三经注疏》等。靠窗一张小小的写字桌，与张可老师早年的合影放在桌上。左手边一面大墙，整整一墙的木质书架，里面堆满了外国文学作品和现当代作品，其中有烫金的《约翰·克利斯朵夫》、解放前版本的《鲁迅全集》《莎士比亚全集》等等。在靠近书橱的角落，又堆起几大摞书籍，这是近年来友人的赠书和赠阅的期刊杂志。"（《王元化谈话录》[1986—2008]，第26页）

在胡晓明所著《跨过的岁月：王元化画传》（上海文艺出版社，1999年）最后一页，有个沙孟海为王元化书写的"清园"的匾额，王元化是从清华园走出来的清华子弟，服膺陈寅恪提倡的"独立之思想，自由之精神"，晚年把书斋命名为"清园"是别有新意的继往开来。我查阅了几种王元化的年谱（表），都是注重他的文章与思想的记录和变化，而对他的住所等生活细节少有涉及，可是，我觉得对一个人的了解，哪怕他一些思想的形成是难以脱离他具体的境遇而存在的，有时候，丰沛的生活细节更利于我们了解人物的内心和思想。比如，我想查一查王元化究竟是什么时候迁入吴兴大楼的，年表上都没有记载，我只是在他的日记上查到了一点线索："今日始得文汇书展请帖，竟寄至淮海路旧址，而我迁居至此，盖五易寒暑矣。"（《王元化集》卷8，湖北教育出版社，2007年，第11页）这是1990年3月25日日记，以此推算，他是1985年搬来的。这正是他的"清园"时代，虽然走向暮年，却是一个晚霞灿烂的暮年，他在《文心雕龙》研究，对"五四"的反思和近现代思想的研究，自我的反思及知识分子精神的重估等各方面都取得了令人瞩目的成就，成为思想学术界执牛耳者。以"清园"为书名的著作就有一系列：《清园夜读》《清园论学集》《清园近思录》《清园文稿类编》《清园文存》《清园书简》《清园近作集》《清园谈戏录》……这也是要将最后一抹夕阳化作灿烂的彩霞的学者。

不过，这些文字的写成并非是在安逸的陶然居中，"清园"不清净，对于一个喜欢安静的学者来说，他的居室下正是车水马龙的衡山路，一时间施工车辆来来往往，到后来附近有楼房施工，以及周围邻居大半年的装修，这些令王元化不胜烦恼，也不堪其扰。"昨夜在书房睡，北窗临通衢大街。来往车辆日夜不绝，汽车鸣笛尖声刺耳，载重大卡车奔驰而过。噪音骚扰，整夜难眠。"（1993年8月21日日记，《王元化集》卷8，第194页）"晴热。打开所有窗户，衡山路上载重卡车通宵不绝，呼啸而过，如地裂天崩。一夜难成眠。"（1994年6月28日日记，《王元化集》卷8，第271页）这让他不得不选择避居在外工作的办法：

去冬以来，弟未做事。此间生活过得去者，大多奢华成风，如南朝竞富，装饰房屋，向宾馆看齐，以几星级为标准。舍寓楼下邻居，并不富有，但亦不甘落后，大讲排场，装饰居室，不惜工本，施工时间，前后三个月，敲打之声不绝，弟尤畏冲击钻耆耆之声，如钻心脏。如此仅数天，已得心动过速之症，而夜服两粒安眠药，有时尚难入睡。这就是入冬以来的生活，任何工作均无从谈起，读写俱废，至今尚未恢复正常。前日赴院检查发现肝肿大、血脂高诸症，尚需进一步去院检查。（1996年1月1日致林同奇，《王元化集》卷9，第354—355页）

我渴望有一个安静的环境，上图为我在二楼提供了一小间研究室（二零四）。连日到那里，躲进小楼一角去阅读或写作，没有喧嚣，没有任何干扰，成为我生活中的小片绿洲，是一种愉快的享受。这是我多年梦寐以求的，如今实现了。（1997年3月9日，《王元化集》卷8，第391页）

家中已无法用书房，无法接见来访者——向组织申诉困难后，昨日为我落实了在衡山的一间类似工作室的房间，作为安身立命之所。晚间小周陪同去看房间。此事虽定，但心中惆怅万端。今天清早醒来，不能摆脱空虚之感。我已年过古稀，生命旅程已到最后一段，盼望过安静、和谐的生活，如今却以旅舍作为栖身之地，一个人在这间小房间内咀嚼痛苦……（1997年3月11日，《王元化集》卷8，第392页）

有时候，文人需要的是生活简单，偏偏简单又成一种奢侈，从日记中能够看出王元化的烦恼、伤感，乃至痛苦。到衡山宾馆后，他的工作条件和身体才逐渐好起来，1998年2月5日日记写道："自从在衡山安顿下来后，感冒和腰疼的毛病均未发作，大概是房内有空调气温较暖的缘故。"（《王元化集》卷8，第450页）在1998年7月14日给许觉民的信上，他讲了自己的生活安排："我现在上午在家，中饭后去衡山饭店（找了一间工作室）。后者电话是（略），三时后至晚均在此。"（《王元化集》卷9，第56页）后来，他又曾搬到庆余别墅210房间，工作和居住都在那里。

王元化与夫人张可在吴兴路寓所（1995年）

晚年的王元化，生活的困扰不仅仅是这些，还有妻子的病。张可自 1979 年中风后，虽然抢救过来，但是留下严重后遗症，读写俱废，王元化不得不承担很多家务，而精神上的痛苦更是难以言表。2005 年 12 月 23 日，学生吴琦幸探望再次中风的张可，此时她已骨折、失语、丧失吞咽功能，陪同一起去的王元化，"转而凄凉地对我说，琦幸啊，我的一生中，张可为我付出太多，但是等到我的情况好了，她就突然中风失却用脑力工作的能力，她是没有等到好日子，我的家庭生活是悲苦的"（《王元化谈话录》[1986—2008]，第 370 页）。王元化身体也不好，青年时代受政治运动牵累，精神上大受刺激，曾患过心因性精神病。晚年多病，本也是老人的常态，2003 年 5 月 7 日在致刘凌的信中，他言及身体状况："最近两年我的健康大不如前，毛病很多，经常要去看病，住院的时候也越来越多。我因患前列腺癌，需四周打一次针。打针后身上有反应、燥热、出汗，虽冬天也是一样。另外颈椎狭窄，经常头晕，发作起来更是天旋地转，再加上青光眼，使视力大为减退，读写都不便，所以朋友处就不大通信了。"（《王元化集》卷 9，第 66 页）

王元化是个书生，以前家务依赖张可，张可生病后，很多事情要靠他，一时间，他真有些手足无措，一件小事情足以让他烦恼和悲观。"从深圳购回无线电话机，价值六百元，为两月薪金之数。未用几天即坏，发票未找到，颇懊恼。回沪后常头晕，情绪低沉，老年殊痛苦。"（1992 年 3 月 23 日日记，《王元化集》卷 8，第 119 页）"为机票订座奔走。由于性急，耐心不够，我不善于更不喜处理事务性琐事，但琐事迎面而来，无可回避也。"（1992 年 8 月 18 日日记，《王元化集》卷 8，第 143 页）"回家途中在商店购汗衫一件，因钱未带够，向驾驶员老甘借了数十元。自张可病后，生活事均需自理，但我不擅于处理家务，常为此感到困窘。"（1994 年 5 月 28 日日记，《王元化集》卷 8，第 265 页）一个思想者，面对这些，有时候更多是情绪上的不耐烦，王元化甚至想："今天想到，生活上马马虎虎，凑凑合合，会影响在工作上不认真，随随便便。"（1994 年 3 月 22 日日记，《王元化集》卷 8，第 248 页）他还拿约伯自励，决心要承受命运的苦难：

> 我无法避开生活中的苦恼，一九五五年的政治运动，精神的受伤；六十年代初撰写文心束释时突然旧疾（静脉周围炎）复发，右眼失明，只得辍笔；"文化大革命"再一次被隔离，心因性病再一次袭击了我；"文化大革命"结束后，政治处境好转，平反在望，可是张可突然中风了；晚年又因另一种不幸，使我不断咀嚼痛苦，我是希望家庭幸福的……命运使我一生坎坷，不是政治打击，就是痛苦的折磨，幸而都渡［度］过了，可是又失去了生活的宁静……我要忍耐命运的颠簸，像《旧约》中的约伯一样……（1997 年 3 月 5 日日记，《王元化集》卷 8，第 388 页）

王元化就是在这样的境况中开始晚年的"反思"，写下了一篇篇充满正气的文字，有时候我想，从现实的境遇，到纸上的坚定，这中间要有多少身心的自我超越啊。

除了他个人的著作之外，谈到晚年的文化贡献，我认为必须提到他主编的两种集刊，一种是1988—1989年编辑的《新启蒙》四种，另外一种是20世纪90年代编辑的《学术集林》十七种，这里面有王元化一以贯之的精神，也是他精神追求的一种体现。这个追求，不是个人的名利，而是宁愿舍弃个人的时间、精力企图去营造一种公共的精神氛围，它体现出王元化这一代人远比当今学者更为阔大的精神气象。他为《新启蒙》第一辑所写的编后记中，很好地阐释了办刊的目的：

> 我们编印这本小小丛刊，没有堂皇的目标，也没有宏伟的抱负，只是希望在当前娱乐性消费性的读物正在迅速挤走有质量的严肃性读物的时候，为活跃学术空气，推进理论进展，做些工作。我们将尽力把丛刊办成有自己特色的读物，以打破目前大多数刊物彼此相仿而无独特个性的格局。所以我们不打算兼收并蓄，而要选载表现丛刊个性的文章。
>
> 理论的生命在于勇敢和真诚，不屈服于权势，不媚时阿世。这里发表的文章不一定有怎样高的水平，但我们力求学得认真，有心得，有创见，有新境界的开拓和探索，坚决摈弃一切空话、假话、大话。我们在探索过程中也会出现错误，但这是能力所限，而不是出于学术探索以外的动机，或违反自己的学术良心。（《〈新启蒙〉第一辑编后》，《王元化集》卷7，第441—442页）

他们不肯俯就自然的安排，总是要挣扎、奋斗，要用自己的手开辟新天地。办一份集刊，发出声音，是文人的理想，然而，这个理想要在社会中实现，那是要在泥土里跌打滚爬的，好多人有洁癖，早就敬而远之了。王元化自己说，自己急躁，好激动，不擅长具体事务，可是为了一份理想，他以极大的耐心和毅力坚持下来了。文化人为精神追求所做出的牺牲，以及这种身体力行的精神，是当今高谈阔论之人稀缺的品质。王元化在编后里说："从事文丛编辑工作的只有两三人，可是要做的事确实不少，包括筹划每卷内容、联系组稿对象、审读来稿、编排与版式，以至决定封面设计方案和协助做一些校对工作等等。"（《〈学术集林〉第三卷编后记》，《王元化集》卷7，第468页）有时候，道不同还要为谋，他一定做了很多"妥协"："下午许、朱、陆等来谈丛刊事，涉及与办刊无直接关系的一些事，并为报酬等斤斤计较，此非我事前所料到，颇悔此举。"（1994年2月26日日记，《王元化集》卷8，第243—244页）"丛刊集稿略有眉目。共同办刊，前已感吃力，今更觉困难，盖年轻人中间有人不愿做与己无直接利益之事，略加劝诫，则反唇相讥。这是我过去没有发现也没有想到的。"（1994年3月28日日记，《王元化集》卷8，第250页）做"与己无直接利益之事"只有更大的付出："凌晨醒来想到《集林》事。我名为主编，实为初审。经我定稿后，还至少要再过三次堂，且同一问题也需回答三次。编辑技术处理极差。只有妥协……"（1994年10月14日日记，《王元化集》卷8，第292页）"晚间已过十时，突得潘龙杰电话，坚持《集林》登出版说

王元化（2004 年）

明外，仍将删改书稿。我责他食言，他诡称我上次听错了他的话，引起争执，以至大吵。"（1994 年 10 月 24 日日记，《王元化集》卷 8，第 294 页）以王元化的资历、声望、地位，陷在这样的琐事中，有时候难免令人想，他值得吗？这要花费他多少精力？当年编《新启蒙》时，王元化就对友人说过："光看书、写作、编刊，还没有什么，最怕的是把生命消磨在无聊纠葛中。我们大半生中有多少时间是这样消磨掉的？"（1988 年 4 月 12 日致张光年，《王元化集》卷 9，第 316 页）然而，办刊物，少不了面对实际的、烦琐的问题，甚至连繁体字、简体字转换的事情，都需要这个主编操心，一个老人的时间有多么宝贵是可想而知的，为了做成一点事情，他只能忍耐着。其中的辛苦，只能在他给友人的信件中道及一二："今年夏天，上海奇热，为百年所罕见。但我因《学术集林》事，仍挥汗工作，忙极倦极，故友人来信，不遑及时作复了。我已逾古稀，精力渐衰，每日工作量亦有限。"（1994年9月20日致林同奇，《王元化集》卷9，第353页）

在《学术集林》的一则编后记中，王元化说："记得小时候一位学圣品人（基督教牧师）的长辈对我说《圣经》上说的'你要做世上的盐'比'你要做世上的光'更好，因为光还为自己留下了形迹，而盐却将自己消溶到人们的幸福中去。作为中国的一个学人，我佩服那些争做中国文化建设之光的人，但我更愿意去赞美那些甘为中国文化建设之盐的人。无私的精神总是值得尊敬的。"（《〈学术集林〉第六卷编后记》，《王元化集》卷7，第483页）这何尝不是他的夫子自道？

城市日新月异，吴兴大楼多少有点老旧，矗立在那里不再像当年那么显眼。曾经有五年时间，我每天上班都从它的门口路过。靠路边的铁栏中，在春末会有很多的蔷薇花开放，在灰色的天空下，给人以清亮的笑脸，让人难忘。我突然想到，栏里的这个小花园，王元化曾在这里散过步。他日记里曾写过："上午《东方时空》来吴兴路家中摄像，他们要拍一些日常生活的镜头，如我每天在家中大楼后的小花园散步等等。"（1998年8月11日日记，《王元化集》卷8，第475页）这个院子里，王元化还曾碰到过谢希德，两个人讨论过用戏曲演出莎士比亚戏剧的问题。（1998年5月6日日记按语［《王元化集》卷8，第463页］："还有谢希德，她虽未写信给我，但前些时我刚刚走出住宅大楼的时候，就看见她从驶到大门口的汽车上下来。一见面还没打招呼，她头一句话就是：'我同意你，我同意你。'"）

前不久的一个下午，我走进这里，特意到三号楼门口站了站，像当年吴琦幸走出来时一样，抬头望一望楼上，春天的阳光当头照着，往昔的事情和人渐渐模糊。我想起卢梭在《论老之将至》中的一段话："每一个人的生活都应该像河水一样——开始是细小的，被限制在狭窄的两岸之间，然后热烈地冲过巨石、滑下瀑布。渐渐地，河道变宽了，河岸扩展了，河水流得更平稳了。最后，河水流入了海洋，不再有明显的间断和停顿，尔后便毫无痛苦地摆脱了自身的存在。"（伍国文等编：《世界文学随笔精品大展》，上海文化出版社，1992年，第214页）我不知道是不是每个人都能有这样的晚景，倒是能够感觉到，在前辈们的人生大河中，可以找到我们的人生倒影。

颜料买办周宗良旧居

薛理勇

　　21 世纪初，上海 APEC 会议召开前夕，因为要建设上海市中心区最大的绿地——延中绿地（现已经改名为"广场绿地"），这一带的居民全部动迁，旧房将全部被拆除，其中包括当时黄陂南路 25 号的建于 1909 年的"颜料大王"贝润生的"豪宅"。在拆除之前，贝家的后人通过上海市房地局的关系联系到笔者，非常想知道自己住宅的历史，于是笔者才有缘与贝家人相识。现在的宝庆路 3 号有一幢花园洋房，当时的主人是上海颇有名气的画家徐元章（2014 年过世），他的外公周宗良也是老上海颜料行中的巨擘，还与贝润生合作开设"谦和号"颜料行，所以，贝家后人与徐元章有来往。徐元章每周三定期在宝庆路 3 号住宅举行"派对"，中外人士、社会贤达，当然还有许多"无业游民"蜂拥而至。外国人把这里当作了解上海、了解中国的场所；不少上海青年视为"对外交流"的机会，寻找出国机会的"门径"；旧上海的遗老遗少则视宝庆路 3 号为往事记忆的"心灵花园"；而管理部门又以为这里是"鱼龙混杂"之地，容易滋生是非。"宝庆路 3 号"一时成为上海热门的话题，徐元章的名字和宝庆路 3 号经常见诸报端，孰是孰非，难以评判。笔者与徐元章有几面之缘，属于"搭头朋友"，经贝家人引见，参加了几次宝庆路 3 号的派对，不过，笔者感兴趣的是这幢老房子的历史和故事。

周宗良其人

周宗良（1875—1957），浙江宁波人。父亲是牧师，于是，周宗良就读于宁波的教会学校——斐迪中学，会一口流利的英语，毕业后入宁波海关工作。早在 1882 年，德国不莱梅人爱礼司（Aug. Ehlers）在上海创办"爱礼司洋行"（A. Ehlers & Co.），经营进出口贸易及佣金代理业务。1906年，爱礼司回国，他的合伙人美益（Thomas Meyer）等接盘，西文名改称"Ehlers & Co., A"，于是，洋行的中文名"爱礼司洋行"和"美益洋行"并用，以"美益"为常用名。周宗良离开海关后进了美益洋行在宁波的分行，约1905 年调到上海总行，逐步晋升，任颜料部买办。众所周知，近代以后，中国与列强签订的都是《通商条约》，外国人可以在中国的通商口岸居住、贸易、做生意，但是不能投资建厂，生产商品；1895 年中日签订的《马关条约》第六款中规定："日本臣民得在中国通商口岸城邑，任便从事各项工艺制造，又得将各项机器任便装运进口，只交所订进口税。"准许日本人在中国的通商口岸投资建厂，生产商品，销往全国各地。根据"最惠国条约"原则，任何与中国签约的国家同时获得此项权利。从 1995 年开始，外商在上海大量投资建厂，并以纺织、印染厂居多。

纺织厂生产的棉纱棉布必须经染色后才能成为商品，而许多国家传统的和使用最多的染料就是从木蓝属或菘蓝属植物中提取的"靛蓝"（indigo）。这种染料产量有限，无法满足日益发展的纺织工业的需求。拜耳（Adolph Baeyer，1835—1917）是德国著名有机化学家。1880 年，他人工合成靛蓝成功；1883 年，确定了靛蓝的化学结构，为靛蓝的工业化生产打下了基础；1905 年，荣获诺贝尔化学奖金。德国是世界主要的颜料生产国与出口国，中国的颜料绝大部分来自德国。人工合成的靛蓝的英文名称为 indanthrene，这是从 indigo 派生出来的词，indanthrene 进入中国后被汉译为"阴丹士林"或"阴丹士林蓝"，也称为"士林""士林蓝"。用阴丹士林蓝染成的布称之为"士林蓝布"。

1914 年，第一次世界大战爆发，中国在无形之中被绑上了第一次世界大战的战车，中、德贸易受到严重的影响，德国颜料进口受到了影响，进口量明显减少。1917 年，中国对德国宣战，中国与德国成为"交战国"，中德关系中断，德国颜料停止进口，而此时，正是中国的纺织业大幅度增长的时期，颜料的价格与日俱增，包括贝润生、周宗良在内的颜料商因囤积德国颜料发了大财。根据国际惯例，德国是中国的敌对国，德国在华产业将作为敌产被中国政府没收，在华德国侨民将作为"敌对国"难民被遣返回国；于是，第一次世界大战爆发后，在华的德国商人开始转移财产，许多德国人把自己名下的不动产或无法立即转移的财产

阴丹士林广告

转移到自己信赖的中国人名下（德国人不能或无法把财产转移到英国人或法国人名下，因为英国和法国是德国的交战国、敌对国），美益洋行的许多不动产和囤积的颜料就转移到周宗良名下。中国对德宣战，也意味着中、德贸易中断，颜料进口中断，囤积的颜料奇货可居，价格飞涨，周宗良获得巨大的利润，成为中国"颜料大王"、商界巨子。

第一次世界大战结束后，中国与德国恢复邦交关系。

1920 年，美益洋行回上海复业，据说，周宗良将德国人的财产悉数归还给原主人，德国人则将周宗良应得的利润分给周宗良，物质财富之外，周宗良获得更多的东西就是德国人的信任。上海是中国的纺织工业基地，许多家德国商行设有颜料部，各自经营德国颜料进口业务，为了避免竞争而带来的损失，1924 年，在华的德国颜料行联合成立"德孚洋行"（Deutsche Farben H. G. Waibel & Co.，也写作 Defag，行址在四川中路 261 号），原来各自经营的颜料业务，全部由德孚洋行统一代理经营，周宗良在德孚洋行的诸买办中独居鳌头，担任总买办。周宗良之所以取得德国资本家的信任和重用，更重要的原因还在于他提议把颜料改为小包装，直接作为面向大众的商品销售，为德国颜料在中国建立了一个庞大的销售网，使德国颜料深入中国的农村，销售到穷乡僻壤，操作和垄断了中国的颜料市场。除了担任德孚洋行的买办外，周宗良在上海创办谦和靛油号，1930 年，独立创办周宗记颜料号，并涉足上海的房地产业。同济大学和宝隆医院都是中国与德国合作创办的机构，周宗良与德国关系密切，多次向同济大学和宝隆医院捐献巨资，并出任同济大学校董、宝隆医院（现在上海凤阳路的长征医院就是宝隆医院原址，但是长征医院与宝隆医院没有任何关系）院长、宁波商会会长等，是上海商界翘楚。1927 年，以蒋介石为首的北伐军进入上海西郊的龙华，北伐战争胜利在即，即将建立的新政府（即南京国民政府）资金严重匮乏，蒋介石亟须江浙财团的经济援助，密诏交通银行钱新之、上海商业储蓄银行陈光甫，帮助筹款，钱新之、陈光甫建议发行"二五公债"，邀请上海银行界同人积极认购，周宗良认购了大量的"二五公债"，算是帮了同乡人蒋介石的大忙，从此与南京国民政府及许多政界要人建立了良好的关系。这对周宗良后来的发展起了极大的作用。

关于宝庆路 3 号住宅的故事

宝庆路，旧名宝建路（Route Pottier），筑于 20 世纪初，以法国远东舰队司令的名字命名。宝建路属于"越界筑路"，就是租界当局在租界外建设的马路，宝建路 3 号住宅始建年代和最初的户主信息不详。据相关的资料表明，该住宅是美益洋行老板美益的产业，建造于 1922 年；约 1930 年后，美益退休回国，房产转入周宗良的名下。1936 年，曾经委托赵深、陈植、童寯合作创办的"华盖设计事务所"（The Allied Architects）改造，丁宝训建筑师操刀。不过，从留下来的原设计图纸、建筑现状分析、判断，改造工程并没有按计划实施。宝庆路 3 号为独立的花园住宅，住宅占地面积约 5 000 平方米，主建筑坐落在西北隅，假三层砖混结构：一层主立面的中轴线作半圆形向外突出，原来的样式应该是内廊，如今，突出的半圆被取消，改为平的落地长窗的大门和宽敞明亮的大玻璃窗；二层退为阳台，使用混凝土宝瓶栏杆；假三层比较低矮；中轴线上开有老虎窗，主要用于储藏室。

第二次世界大战以德国、日本战败告终，德国在华商行撤离，原来在德商洋行担任买办的人的日子也不好过。周宗

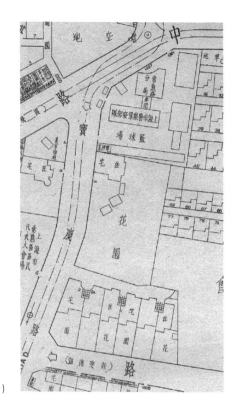

1947 年地图
（宝庆路 3 号）

良有四位太太，生育六子七女，三太太的女儿周韵琴，嫁给了历史学家、作家徐兴业（第三届茅盾文学奖获得者、上海市建国 40 周年优秀小说《金瓯缺》的作者）。周宗良持有大量的德国化学工业企业的股票，1946 年，周宗良意识到，南京国民政府即将倒台，于是开始抽调资金，转移到海外，并陆续把家属移居海外，宝庆路 3 号住宅由周宗良留守上海的三子周孝存看管，不久，这位不孝子意外死亡。1952 年，周宗良的外孙徐元章随母亲周韵琴、父亲徐兴业迁入。1957年，周宗良在香港逝世，周韵琴以继承遗产的名义去了香港，此后便失去了联系。徐元章是周宗良的外孙，不是财产的继承人；母亲不知去向，他要获得宝庆路3号的合法居住权就非常困难了。21世纪初，周宗良财产的合法继承人从海外回到上海，为收回自己的财产费尽心机。实际上，要把徐元章直接驱逐出门，收回产权，是十分困难的，于是，在律师的建议下，由周宗良遗产合法继承人中的一个人向徐元章和其他的合法继承人起诉，要求归还财产，然后，胜诉者再根据所得，将财产分配给其他的继承人。2004年，上海法院判决，起诉人胜诉，最后，上海地产集团以拍卖的方式获得宝庆路3号住宅的产权。徐元章被迫迁离宝庆路3号。徐元章曾经对笔者说："要我离开住了几十年的老房子，我真的活不长了。"2014年，徐元章在快快不乐、愤愤不平中逝世。

2017年10月1日，上海交响音乐博物馆在这里正式开馆。

荷兰风格的 Town House

钱宗灏

宝庆路 9 弄 5 号花园住宅是弄内一排六幢毗连式花园住宅中的第五幢，原先每幢住宅的前面都有私家花园，用修剪整齐的灌木与邻屋分开。花园很大，一直要往前延伸到南面的辣斐德路（Route Lafayette）。辣斐德路就是现在的复兴中路，辟筑于 1914 年，先是仅修了今重庆南路至瑞金二路之间的一段，慢慢地再向东西两头延伸，等修筑到宝庆路这里时已经是 1922 年了。法国人比较喜欢 Lafayette 这个词，巴黎的四大百货公司中就有一个叫 Lafayette。前些年北京人将它译作"老佛爷"，国人的旅游团去巴黎参观完了卢浮宫，每每就直接去"老佛爷"享受血拼狂欢了，着实火了一阵。不过，早先上海人是根据英语的发音将它译作"辣斐德"的，其实正式的译法应该是"拉法耶特"。在法国历史语境中，它指的是大革命时期的一位风云人物——拉法耶特侯爵。

现在宝庆路 9 弄里的花园更大了，因为原来分割每家每户花园的绿植长期缺乏养护而慢慢消失后环境变得很差，园林部门索性将花园全部打通，整体规划，建设成有弯曲的鹅卵石步道、石台凳、草地和高大的常绿乔木；沿复兴中路还做了透绿处理，俨然一处公共绿地了。不过，人们只有从位于最东侧的甬道才可以走到这片绿地里去，住在一楼的居民倒是可以经由内阳台一侧的小楼梯进入花园晨练的。原来内阳台前面还有一个大平台，天气好的时候在那里可以坐坐，喝点咖啡，看看花园里的一切，不过现在大平台差不多都已经被封闭改成房间了。房屋北侧有宽阔的弄道，每幢楼房的底层原设计有私家车库，汽车可以方便地进出停放，不过现在车库也改成了房间，私家车只能停在弄道里，出入很不方便。弄道北面围墙外就是宝庆路3号花园了，那儿原为周宗良的住宅，是一座拥有5 000平方米花园的豪宅，拜其所赐，宝庆路9弄空气中的负氧离子要高出其他地方许多，住在这里的居民终年可以呼吸到新鲜空气，享受着鸟语花香。不过，现在大环境虽然没有多少改变，但小环境里由于住了太多居民，日常生活条件已远比不上以前了，原来的一家一户成了多户合住，许多地方或被隔断，或被搭建，车库早已改成了居室，甚至连底层的半地下室都住上了人。

宝庆路9弄内一共只有一排六幢房子，现在的门牌编号是1—6号，但刚建成时不是这么排列的，那时候没有9弄，弄口第一幢房子是宝建路9号，然后依次是9A、9B，一直到最里面的一幢是9E，那是西方人的编排法。1932年，宝建路9号里面住的是上海美孚石油公司安装段的工段长梅里尔（H. F. Merrill）夫妇，不过他们只是租客，住的不是自己的房子。宝建路9A居住的是律师莫索普（A. G. Mossop）

夫妇，他们更有钱，住的是自己买下来的房子。莫索普是位开业律师，他的律师事务所名称叫"雷得斯"，地址在北京路2号三楼C座。莫索普是上海工部局法院的出庭律师，这个等级要比一般的律师高，他有资格出席法院的庭审。另外，他还有一个身份，是中国官方代言人，这意味着他也可以接受中国政府方面的委托出庭打官司，所以收入很高。至于本文篇首提到的宝庆路9弄5号，在租界时期它应该是宝建路9D，有资料说该房子原为孔祥熙秘书的住宅，但没有进一步说清是孔祥熙的哪一位秘书、什么时候的秘书、姓什么名什么，以及住在9D的起讫时间，后来又去了哪里，等等。不过，没有关系，即便是搞清楚了这一系列的问题，孔祥熙的秘书也够不上历史名人资格，将宝庆路9弄列为优秀历史建筑的理由，主要还是看重它的建筑艺术价值。

有文章说宝庆路9弄的房子是法国风格，我觉得不尽然。首先，它的陡峭屋顶不像，法国民居的屋顶虽然也多红瓦，但一般都比较平缓，陡峭的屋顶在欧洲原生地一般要过了阿尔卑斯山以北才见得到，因为那儿气候寒冷，冬季多雪，陡屋顶有不易积雪的好处；还有，它屋顶上的棚式老虎窗在英国倒比较常见，中文里的"老虎窗"一词也是直接从英语"Roof Window"音译过来的。法式建筑屋顶的特征是孟莎顶（Montha's roof），即那种有折脊的屋顶，顶端坡度很平缓，然后陡然以近乎垂直的坡度下降至檐口，在这种坡面上开设的屋顶窗，窗楣往往是双坡的或者弧形的。所以，像这样的房子就很难说它是法式的。根据我的观察，宝庆路9弄里面的房子比较特别，它包含了许多有趣的值得解读的文化信码。宽大的窗户和墙角有隅石这两点同荷兰的民居很像，荷兰纬度比较高，光照不足，尤其在冬天里，光照更是不好，阳光难能可贵，大窗户可以让更多的阳光晒进室内，但又不利于保温，好在西欧因为有大西洋暖流，气候并不太寒冷，有开设大窗户的条件，到北欧那里就不行了，只能开细长的窗户。另外，荷兰人一般都长得高高大大，他们的门框和室内层高也都要比法国、西班牙等地中海沿岸国家的高出不少。还有，它的一楼下面有很高的架空层，这一点也跟荷兰民居类似。荷兰属于低地国家，河水经常倒灌，建筑的一层下面往往还有半地下室，储存缆绳等船上使用的物品，有的甚至还开设小型船坞，可直接通往运河，就像我们在电影《阿姆斯特丹的水鬼》中看到情形的一样。不过说到阿姆斯特丹的民居，给我留下的印象是，它往往还有一个醒目的山面，沿着街道或运河一字排开，色彩鲜艳，观瞻效果很强烈。据此，我推测宝庆路9弄的开发商原来计划在它的前面，即沿着复兴中路再建造一排住宅，那时就会采用这种形式了，只是后来因故没有建成，于是就留下了今天的花园绿地。所以说，基本上宝庆路9弄的建筑属于荷兰城市民居的风格，只是不特别典型。当然，它与荷兰传统的农村住宅有很大的不同，那是一种圆筒形的农舍，带有醒目的风车，屋顶也为圆锥体，我们称之为"磨坊"，是许多荷兰产品的醒目标志。

关于宝庆路9弄房产的开发建造也是一个重要的问题，尤其是在2015年上海市人民政府已经公布其为第五批市优秀历史建筑的情况下，数据档案的完备与准确是不可或缺的，必须建立的档案应包括文物建筑的业主沿革、开发商、建筑设计师、营造厂商、竣工年份等。根据 2009 年全国第三次文物普查时徐汇区文物部门的调查，宝庆路 9 弄房产建于 1930 年，而其他要素均付阙如。我在写这篇文章时查到了它原来的地籍号是 F. C. Lot11048，即上海法国领事馆登记在册的地产编号，据此编号应该可以查得到道契，那就会有更多新的发现了。期望这个地籍号可以成为一把钥匙，打开一扇门，找到更多的资料数据，能够为保护提供历史依据，也为喜欢研究历史建筑的朋友提供一条线索。

根据第三次文物普查时我指导学生开展社会实践获得的数据，宝庆路 9 弄 5 号占地面积有 366 平方米，建筑为砖混结构假四层。屋面各朝向皆开有棚式老虎窗，檐口装饰有多重水泥线脚。粉刷成淡黄色的水泥砂浆外墙，结合了红砖砌筑的墙角和层间腰线，形成的色彩对比很有艺术表现力。转角处的隅石砌工精细，还有间隔横槽。立面开间多采用红砖平券窗楣，部分门窗则采用弧券楣饰加中央券心石装饰，两者相比显示出了变化。主楼底层是架空的，外观似为红砖砌成的基座，多级台阶导引进入门厅。车库、厨房、配餐等辅助用房均为错层设计，设在地面层，有独立的出入口，并有专用通道连接主层餐厅。室内布局考究，装饰细腻，主要房间皆有宽大的壁炉，并采用方格形木质护墙板，纹饰精致，线脚华丽。现状虽显陈旧，但仍保存得较为完整，可惜房间局部多有改扩建，但尚属可逆。总体印象为不合理的过度使用，急需加强保护力度，因为它代表着上海多元建筑文化中比较稀见的一脉。

宝庆路
10 号甲

奇怪的门牌号

钱宗灏

宝庆路 10 号甲，一个听上去有点奇怪的地址。一般情况下只有当出现两个 10 号时，人们才会想到另外分一个"10 号甲"出来，那么，宝庆路 10 号甲究竟是从 10 号里被分出来的，还是从外面被并进来的呢？查 1948 年出版的《上海市行号路图录》，这处所在果然不是 10 号甲而是宝庆路 6 号，是堂堂正正一幢带花园的独立式住宅。在它的北面是 4 号，美孚公司加油站；它的南面才是 10 号，一处更大的院落，里面是上海市常熟区区公所办公处、常熟区区民代表大会会场和钱如南律师事务所，另还有一家小公司丽虹电器冰箱公司也一起挤在院内。那么 6 号和 10 号在 20 世纪 40年代之前是谁的产业，或者说是谁住在里面呢？它们又是什么时候被合并到一起的呢？这些都是需要弄清楚的问题。

我首先找到了 1941 年的上海法租界地籍图，查实了这儿原来就是两处地产，6 号的地籍号是 11103，10 号的地籍号是 11102，进一步证实了它是被并进来的。再查其他历史资料，发现这两幅土地原来都是美孚石油公司的。在 1932

年的时候，今宝庆路 10 号甲房屋里居住的是特纳（J. E. R. Turner）先生，今宝庆路 10 号居住的是约瑟夫（J. M. Joseph）夫人和她的女儿约瑟夫小姐，他们都在美孚石油公司工作，是公司的高层管理人员。再到 1936 年的时候，则分别换成了莫里斯·齐默曼（M. Zimmerman）和奥托·泰勒（Otto Theiler）两位先生住在里面，齐默曼还在美孚公司上班，泰勒已经退休了。北面的一块地（地籍号 11104，即今宝庆路淮海中路路口）也被美孚买下来了，并建好了一座加油站。那里在 1932 年的时候还是医学博士希尔伯特（Dr. Hibert）夫人和她的三位女儿的住宅。由此看来，今宝庆路 10 号整座院内的老房子在当时全是美孚的产业，只是租给公司的高级管理人员居住而已。

日本侵华战争期间，具体讲应该是在 1941 年 12 月 7 日太平洋战争爆发以后，由于石油是战略物资，战前日本吃足了美国石油禁运的苦头，所以上海美孚很快就被日本占领当局接管，这里的所有动产与不动产均成了日军的战利品。1945 年日本投降，这里的房屋等设施已损坏得比较严重。中国政府将其接收，后发还给美孚公司继续经营，但因战后经济萧条，美孚只使用了宝庆路 4 号加油站和 6 号的房产，将宝庆路 10 号出租给了当时新成立的上海市常熟区政府使用。中华人民共和国成立后，美国对新中国实行石油禁运政策，美孚公司全面撤出上海，这里的房产和加油站设施遂被人民政府征用，6 号花园住宅也归了常熟区政府使用，于是与 10 号之间的分割围墙被打通，这一情况直到 1956 年 3 月常熟区与徐汇区合并成立新徐汇区以后，政府部门才从这里

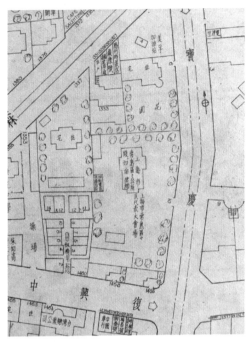

据1848年《上海市行号路图录》，宝庆路6号即今宝庆路10号甲。

迁出。同年，机械工业部电器科学研究院上海试验站成立，并迁入宝庆路10号院内，成为这里的新主人。

历年来，这家单位随着主管部门的变化有过多次更名，但没挪过位置。1958年，改名机械工业部广州电器科学研究所上海试验站；1966年，在试验站基础上成立上海电动业工具研究所；1971年，其特种涉密部分内迁四川，民用部分下放地方，改为上海电动工具研究所；1978年，又收归部管，改为机械电子工业部上海电动工具研究所；1999年7月，根据国务院文件的规定，属地转制，同年10月29日，在上海市工商局登记成立上海电动工具研究所（集团）有限公司，现隶属上海市国有资产监督管理委员会，为国有全资企业。

接下来介绍一下宝庆路的历史，因为本书中写到的许多建筑都同它有关。今天我们见到的宝庆路很短，北至淮海中路接常熟路，南到桃江路接衡山路，长度仅300余米，开车几乎感觉不到它的存在，一眨眼就过去了，许多人也确实把它当成了衡山路。然而在1902年辟筑的时候却不是这样的，那时候还没有衡山路，今宝庆路是由北往南，然后折往东的走向，与今岳阳路接通，整条道路略呈C字形。筑成时以1901年刚刚卸任的法国远东舰队司令爱德华·波蒂埃（Edouard Pottier）命名，称作波蒂埃大道（Avenue Pottier），后来公董局想想觉得不妥，毕竟它不能跟主干道如宝昌路，即后来的霞飞路相比，再说波蒂埃卸任不久即去世了，于是决定降级改成Route Pottier，中文名还叫"宝建路"，一直到1943年才以湖南省邵阳市的旧名"宝庆"改名，这是后话。

再说到了1920年，法租界公董局决定要开筑今衡山路了。其实该计划已经设想了很久，因为徐家汇一直是法国天主教会在远东的一处文化中心，但从主城区去那儿却一直缺少一条捷径，这条新的道路于1922年建成，呈放射状，命名为"贝当路"。它的起点就在宝建路折向东的转角处，即今衡山路桃江路路口，于是原来的宝建路东折段就成了今天的桃江路东段了。

现在宝庆路 10 号院内的历史建筑如同处在盆地的中央，周围全是高楼。原来的花园土地已被利用完毕，还好马路对面有大片绿地留存，不然真成水泥森林了。徐汇区文物管理部门的官方资料显示：10 号甲住宅建于 1925 年，占地面积267 平方米，砖木结构假三层。定义其为欧陆风格的花园住宅，局部带德式建筑装饰特征。孟莎式样屋面，青灰色机平瓦。水泥砂浆墙面，局部刻画有仿石结构纹饰。东南角建有六边形两层塔楼造型的阳光厅，塔顶采用重檐盔形顶，塔壁环设高大的券窗，厅内可将花园风光尽收眼底。现建筑室内改动较大，房间格局已被重新调整，仅局部装饰有留存。该建筑原为外侨私宅，后长期作为电动工具研究所办公使用，前国家主席江泽民 20 世纪 50 年代任电动工具所副所长时的办公室就在这幢楼里。近年已转租与专业地产商，经由室内外全面修缮和改建，用作 Oasis 系列高级商务楼经营。

2017 年 4 月 27 日，上海市徐汇区文化局公布其为区文物保护点，类别为近现代重要史迹及代表性建筑，子类别是典型风格建筑。这些都没错，但是概述需要修订。首先，花园住宅的表述因花园已消失，不再适用。其次，青灰色机平瓦是修缮改建的结果，原来是红陶机平瓦，木质窗扇曾漆成过绿色、白色，现在全部换成了灰色调，不知依据何在？如没有，就是篡改了建筑的历史文脉，应责成业主单位恢复原貌。事实上，灰色缺乏亲和力，也影响观瞻效果，对历史建筑有负面影响。

还需要说一说"欧陆风格"，因为宝庆路 10 号甲也被归入了这一类风格。其实所谓"欧陆"不过是一个宽泛的地理概念，并不具备建筑文化方面的含义，后来英国学者在研究欧洲民居时发现，法国的西北部、卢森堡、德国中部、奥地利、捷克等地的民居有一定的趋同性，譬如都具有较为陡峭的坡屋顶、覆盖红陶瓦，相比较北欧民居的屋顶更为陡峭，南欧的则平缓。墙体较厚，窗洞较大，建筑切面较多，造型则比较敦实。建筑在设计和布局上很重视对阳光的利用。注重室内装饰，纹饰多样，除了古典、巴洛克的之外，往往还采用当地的民间图案，等等，于是，经过研究者们的归纳总结，欧陆风格就成了一个学术名词传播开来了。又经过旅行者、文化人的考察，这种建筑便有了文化意义，开始走出原生地，在世界各地流行。其实说到底，这是在一定气候条件下生成的风土建筑而已，但在国际性的移民城市中它具有文化符号的象征意义，这才是我们要保护它的理由。

宝庆路
20号

上海市轻工业研究所院内的历史建筑

钱宗灏

宝庆路 20 号，现在的上海市轻工业研究所，院内一共有四幢风格各异的历史建筑。进入大门，面前是一号楼，左拐往南是二号楼，往西是三号楼，再前行几步见到一个养有锦鲤的水池，前面就是四号楼了，这是现在院内的情况。但在法租界时期就不一样了，那时是相互分开的四幢花园住宅，虽然一号楼还是 20 号，但二号楼地址是宝建路 22 号，出入口开设在南面的路转角处；三号楼是恩利和路（Route Henri Riviere，今桃江路）28 号；四号楼是恩利和路 30 号。历史档案《上海法租界地籍图》上也很清楚地显示了这一状况：20 号院内一号楼的地籍编号是 11095 和 11096，二号楼的地籍编号是 11093，三号楼的地籍编号是 11094，四号楼的地籍编号是 11117。倘若我们根据这些已知的地籍编号到上海档案馆去查阅道契，运气好的话会有收获。因为道契上一般都注明了地产主人的姓名及地产面积、价格等，那就能够了解土地上房子属于哪位业主，以及花园的面积有多大等重要信息了，甚至还能间接了解到当时的地价。还有一条

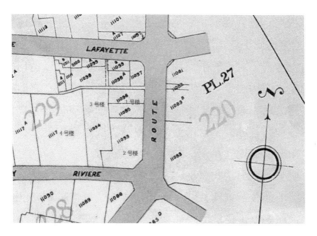

《上海法租界地籍图》

途径，就是根据房屋的地址到上海城建档案馆申请查阅建筑设计图，同样运气好的话也可以查到建筑的原业主、建造年份、建筑师、营造商、建设过程等对今天保护和修缮历史建筑至关重要的信息。

但是叩开上述两家单位的大门固然容易，可查阅到关键档案就是非常困难的一件事情了。所以笔者还是只能根据公开的资料加上个人的观察和研究去撰写这篇文章。

碰巧网上查到 2017 年的一则招投标信息云：本项目内包含四幢优秀历史建筑及辅楼的装修与修缮，其中 1 号楼（宝庆路 20 号 1、2 号全幢）面积为 102 平方米以及 759 平方米，2 号楼面积为 902 平方米，3 号楼面积为 1 700 平方米，4 号楼（桃江路 30 号 1 号全幢）面积为 1 271 平方米。互联网还真好，建筑面积的数据都有了。

根据笔者的观察，一号楼不是"略有英国乡村建筑风格"，但仍属于英式风格，它是一幢两层砖木结构的独立式住宅，有着不对称的平面和不对称的立面，尤其以朝向宝庆路的东立面构图更富于变化，主入口设在东北角，有门廊直通底层大厅。原是轻工业研究所的对外业务接待处，二楼是会议室和所长办公室。南面朝向花园，底层原为敞廊，二层为内阳台，现均已封闭。

　　二号楼原为法式风格，是一幢假三层的砖木结构楼房，从屋顶上的壁炉烟囱判断，应该是住宅，可惜早年就已经改建，现已不复见住宅原貌。1947年的《上海市行号路图录》上标注其为上海华侨化学制药厂，南立面建有超大尺度的门廊，可能是为卡车进出运送货物所设。有人说它在轻工业研究所时期，一楼、二楼是图书馆和科技情报室，收藏着整套影印版《化学文摘》和国外最新的科技期刊。楼道和房间里整日弥漫着书香和静悄悄的翻书声。三楼是计算机研究室。

　　三号楼网上能见的文字图片最多了，我定义其为"简化的新古典主义风格"。建筑为双坡屋顶，山面出檐有封墙，那是西式做法，故不能用中国建筑的"硬山"套用。主体建筑分为前、后两进，混凝土结构，高三层，中轴对称。檐下有多重水泥线脚，外墙贴赭色泰山面砖，水泥勒脚。南立面中部三开间底层为敞廊，二层为内阳台，有几何形锻铁栏杆。室内楼梯、栏杆和柱身亦均有锻铁几何图案。彩色镶嵌玻璃和马赛克拼花地坪是该建筑吸引人之处。现在前楼是上海市轻工业研究所有限公司的总部，后楼环廊是人事管理部

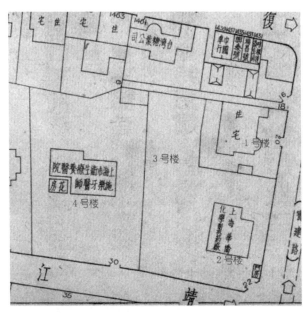

1947 年《上海市行号路图录》

门，底层是理化测试研究室。此外，还有宽敞的地下室。经过仔细观察，笔者觉得"简化的新古典主义"一说仅仅是指其对称的立面构图而言，该建筑更多的表征应属于现代的装饰艺术派，如外立面诸多几何形的装饰线脚、室内楼厅的彩色镶嵌玻璃等均不属于新古典主义范畴。另据现有公布资料说，该楼建造于 1925 年，不知依据何在？笔者觉得起码要晚五年才对，因为建筑前部主立面外墙贴的泰山面砖要到 20 世纪 30 年代才成为上海的流行装饰。查资料，泰山贴面砖属一种硬陶材料，1926 年才由上海泰山砖瓦厂试制成功，

1928 年获得民国政府工商部专利权，然后才被建筑业广泛采用。

有言论说，宝庆路 20 号是原中央银行副总裁陈行的旧居，但没有具体说明是哪一幢楼。我们假设其是真的，进而去寻找证据，如果找到了，算是给历史的一个交代，找不到，也可以告诉后人一个怀疑的理由，以便于继续寻找，直到找出否定这一说法的证据。

据网上介绍：陈行（1890—1953），字健庵，诸暨店口人。系遗腹子，年少失怙，赖长兄春葆抚养长大。春葆以磨豆腐为生，倾全力供弟读书。十六七岁时离诸暨外出谋生，结识河南随县知事言某，言见其聪明过人，乃资助其东渡日本学造纸。归国后，入上海圣约翰大学，学习化学。1917 年毕业，考取官费留学生，入美国俄亥俄州大学学经济兼化学。赴美途中，结识宋子文，后两人长期共事，终成莫逆。1921 年，获硕士学位毕业回国，任汉口中华懋业银行经理、武昌造币厂厂长。1928 年 1 月，先后任财政部金融监理局局长、钱币司司长。10 月，任中央银行行长、中央银行常务理事兼副总裁。1938 年 8 月后，连任中央银行理事兼常任理事。1941 年 4 月，任外汇管理委员会委员、上海造币厂厂长、财政部特派员。1945 年 8 月，派为还都接收委员会委员。1949 年去台湾，1953 年卒于台北。

这里面的叙述有漏洞。民国时期的官费留学生是稀缺名额，不可能同时让你去"学经济兼化学"，只能选一样。根据陈行以前的履历，似应是化学，但根据陈行后来走的道路，应是经济。百度没有交代清楚。"赴美途中结识宋子文"倒是有可能，查宋子文 1894 年出生，年龄相差不大，并且也是圣约翰大学毕业。是否陈行赴美后先是学化学，后在宋子文的影响下才转学经济的？没有证据当然只能是推测。另外，根据其回国后的工作经历，他主要是在武汉、南京、上海三地任职。那么他是有可能在宝庆路 20 号购买或建造住宅的，只是时间应在 1928 年 10 月任中央银行行长常驻上海以后。问题是宝庆路 20 号院内哪一幢楼是陈行的住宅？笔者的猜测，似乎一号楼、二号楼和三号楼都与陈行搭得上边，理由见以下分析：

　　一号楼地址为宝庆路 20 号一直没变更过。假设后人认定它是陈行住宅的依据是来自历史档案的记载，那么这条记载必定是宝庆路 20 号无疑。二号楼早期的主人我们尚未找到，但它在 20 世纪 40 年代后期曾作为华侨化学制药厂，这是板上钉钉的事，联系到陈行在圣约翰大学曾有过学习化学的背景，是否可以假设是他买下了二号楼后开设的工厂呢？三号楼不言而喻与陈行的身份地位最为相符，建于 20 世纪 30 年代早期，是陈行在中央银行常务理事兼副总裁的任上发生的事情，一切似乎都顺理成章，只是还有一个很大的疑问无法按常理解释，那就是 1947 年的《上海市行号路图录》上面那块地居然是空白！联系到那时候陈行已经被"派为还都接收委员会委员"了，工作办公地点应该在南京。三号楼作为旧中国央行行长官邸肯定也已迎来了新主人，但这些还是不能解释公开出版物上面为何是空白，难道那里是央行的一处秘密金库？二号楼标注的制药厂只是个幌子，实际上是警卫人员的宿舍？

期待所有的问号今后都能够在老建筑爱好者和历史爱好者的努力追寻下——找到答案。

四号楼建于 1925 年没错，网上说它有文艺复兴特征，折衷主义风格，使用简化的古典柱式。但仔细想想，欧洲文艺复兴流行于 15 世纪，折衷主义流行于 19 世纪上半叶，古典柱式流行于 17 世纪，一幢建筑哪容得了四百年的风格变迁？所以，我们要避免这种浮躁的、贴标签式的注释，或者老老实实地说它的窗和什么风格相似，它的门是学习了什么样的设计手法，它的屋顶又是借鉴了什么样的形式，等等。因为建筑师每设计一幢房子都是创造，他会受到历史因素和流行形式的影响，再加上个人主观上的艺术修养因素，有时还不可避免地掺杂进业主的喜好。所以，首先要认识到建筑的复杂性，这才是紧要的；其次，要把握住建筑的主体形式；然后才能试着进行解读，得出尽量正确的结论。就拿四号楼来说，它的南立面柱廊是遵循了古典主义的构图原则，比例恰当，尤其是爱奥尼克柱加工得十分规整，三楼大平台周边的宝瓶围栏多见于法式建筑，中央山花的曲线和花饰花圈总体上是巴洛克的，但顶部的造型没有历史依据，有人说是蝴蝶，笔者觉得更像是甲方的要求。至于说到建筑的主体形式，则比较像德国的民居。建筑主入口设在东侧，南侧原为朝向花园的大柱廊，是一处独立的开放式空间，进门是大客厅，现在作为会议室。北面是一排木格玻璃门，镶嵌着五彩缤纷的玻璃，玻璃门的上方是三个弧形的玻璃窗，窗上是纯手工镶嵌的三幅玻璃风景画，这种艺术镶嵌玻璃以 1837 年就成立的美国蒂梵尼（Tiffany & Co.）公司出品的最为精美，不过上海徐家汇土山湾工场也有出品。

四号楼门前有一汪水池，周边用太湖石围起，一座精致的小桥跨越水池，正好将其一分为二。如果这汪水池是原装的话，或许可以表明原来房屋的主人是中国人。恰巧我找到的史料也证明了这一点：1936 年的《字林西报·行名录》上刊出了恩利和路 30 号（即四号楼）的主人是 C. P. Yin 和 C. A. Fan，一位姓殷，另一位姓范，这也符合四号楼是由两幢错列相连的房屋组成的情况，看来两家是好朋友或是亲戚，可惜没有刊出他们的身份或职业。进一步的线索是在行号路图录上发现的，1947 年那里已是上海市卫生疗养医院了。至于上海市轻工业研究所何时迁入了宝庆路 20 号，没有找到确切记载，一定是在上海解放以后。

上海市轻工业研究所创建于 1954 年，1958 年开始用现名，是一家市属科研机构。1964 年以后曾获得各级奖励 80 余项，其中全国科学大会奖 6 项，如发酵法制造谷氨酸工艺的研究、塑料薄膜法双向拉伸工艺和设备、油溶性彩正彩底成色剂等。1982 年，根据市政府面向市场的精神改制，更名上海市轻工业研究所有限公司，同年 4 月在徐汇区市场监督管理局登记成立。1984 年后设有电子应用、微机应用、表面处理、电镀环保、高分子材料、精细化工、分析测试、机械、情报资料 9 个专业室。1987 年撤销高分子室，合并电镀、表面处理室，增设中试室，成为上海市轻工系统中一个多学科、综合性的应用开发研究机构。主要从事金属和非镀表面处理、环境保护、精细化工、电子技术应用、机械设计和理化分析测试等共性技术的应用研究。

2005年10月31日，上海市人民政府公布宝庆路20号为上海市优秀历史建筑。

历史与现代的对话

钱宗灏

如果在夏秋季节，你沿着浓阴匝地的复兴中路由东往西一路走来，过了斜着与之交叉的汾阳路，眼前就净是应接不暇的优秀历史建筑了。有小巧而现代的伊丽莎白公寓、古典大气的黑石公寓和充满了欧陆风情又略带神秘的克莱门公寓，这些老房子在在都能引动你一探其究竟的兴致。再如果前面恰逢交通灯由绿转红，或者你累了想歇歇脚，顺便用点什么，那么顺着左手拐弯你就能发现一家名叫千秋膳房的餐馆，它同前面的耳鼻喉科医院分部的中间有一条不宽的弄堂，走进去，一直到底，你会见到两处宽阔的台阶，那便是宝庆路 21 号花园住宅的后门了。

有资料说这幢花园住宅建于 1914 年，笔者没有花时间专门去考证此说是否属实，但从手头的《上海市行号路图录》上发现，它原来的地址应该是宝建路 15 号，不过那还是在法租界时期的事情。20 世纪 30 年代中晚期，住在这儿的男主人是一位已退休的船长埃弗雷斯（R. G. Everest），他和他的太太一起住在这里安享着晚年，房屋很宽敞，南面

有一个不算很大但足够老夫妇享受温暖阳光的花园。再往前，由一道竹篱笆隔开的是一个更大的花圃，那是属于 F. 德·库尔瑟勒（F. de. Courseulles）伯爵夫人的地产。这块地产一直要到前面的桃江路才是尽头，上面只盖了一间园丁住的小屋子和一个花棚，出入口则开设在宝建路上，那才是当时的 21 号。平日里，埃弗雷斯夫妇只是偶尔见到那位园丁并打声招呼，宁静的晚年生活里他们并不寂寞。一度住在西边 17 号里的邻居是三位年轻人，他们是 T. H. Bulow、T. H. Ravens 和 L. Ciselet，没有固定工作，不过到抗战前就已经搬走了。那也是一幢独立式的花园住宅，只是体量稍小。抗战胜利以后，那幢房子被国立北平图书馆买了下来，成了北平图书馆的上海办事处。再往西就是 19 号了，出入口也开设在宝建路上，20 世纪 40 年代这里是大华医院。大华医院是一家私人设立的医院，创办于 1926 年。也许正是由于这一传统，现在那里还是做耳鼻喉科医院的分院，虽然换了一家医院，可建筑一直被用于医疗目的。19 号建筑我们姑且不再去说了，因为那属于另外一个故事。

笔者相信上述这种局面一直维持到了上海解放。20 世纪 50 年代初期，经历了社会政治大洗牌，这一带空出许多房子，15、17 号也同样人去楼空，于是它们同宝庆路 21 号花園一起划归了上海轻工业设计院使用，这才对外共用一个门牌号码。

先是在 1953 年国民经济恢复时期，国家就成立了轻工业部设计公司华东分公司，不久更名为轻工业部上海轻工业设计院。于是从第一个五年计划（1953—1957 年）的末期开始，由国家投资、上海华东建筑设计院设计，在 21 号院内的空地上陆续建起了三幢四层办公楼，建筑均为钢筋混凝土结构，其中两幢的外形是 20 世纪 50 年代流行的中国古典复兴风格，灰瓦歇山式的坡屋顶，有戗角。两幢楼房一竖一横呈 T 字形排列，靠得很近。另一幢位于北侧，红瓦双坡顶，建成时间可能稍晚。1956 年 1 月，轻工业部食品工业管理局设计室也成立了，那是共和国最早建立的食品工业管理机构，后来考虑到上海轻工业力量雄厚，于是移师上海，改名为轻工业部上海食品工业设计院。用现在的话来说，那都是属于央企。1970年，因战备形势需要，精简机构，两家单位合并组成了上海轻工业设计院。老上海人或许还记得，在计划经济时代里食品店偶尔会有军转民的压缩饼干出售，实惠的是这种饼干不用凭票供应，价格不贵，且味道还不错，那就是用轻工设计院研制的机器加工出来的。

1978年改革开放以前，不仅是这里，连马路对面宝庆路20号院内的房子也都归上海轻工业系统使用。不过那时候国家资金投入不多，除了新建的几幢办公楼之外，人们对历史建筑都还只是利用，很少有改造的举动。租界时期留下来的原宝建路15号花园住宅在新大楼投入使用后就作为职工宿舍使用。所以，这一区域无论是建筑还是城市肌理都同原貌相差不大，仍然是一幅由红瓦绿树和弯曲的街道构成的亲切画卷。

改革开放以后就发展得快了，区域内不断有灰白色的平屋顶从红色的陶瓦顶中凸显出来，鲜丽的新建筑穿插于其中。一开始人们还兴奋于这种改变，慢慢地大家就发现在享受改革开放带来的好处的同时，也失去了日常生活里的许多乐趣。20世纪90年代中期，21号大院内的东南隅又建起了九层高的新办公楼，虽然室内光线明亮、温度宜人，但破坏了院内长期以来形成的亲和感基调。新建筑体量庞大，色彩生硬，比例夸张，条形窗和蓝色玻璃幕墙格外抢眼，使得它更像是一个粗鲁的入侵者。到了20世纪90年代末，改革开放政策已经实行了快20年，老百姓兜里的钱也慢慢多了，上海的商业零售业开始全面繁荣，那个时候无论企、事业单位，都流行办"三产"（第三产业），而互联网商业还没有兴起，所以凡有条件的单位和个人都纷纷破墙开店。此时21号大院内尚剩下老大楼南面庭院的边缘可以用来赶上潮流。那里南临幽静的桃江路，行人不多，但处在马路的转角，是几条道路的汇集点，是一个办"三产"的很好的"市口"，可也是对建筑师的一个挑战，因为如果做得不好，这块地就彻底完了。

新建筑由轻工业设计院的刘延杰建筑师设计，主体近似矩形立方体，南立面的长边平行于桃江路和路对面两三层高的老房子，不显山露水，对于这种与环境呼应、围合成的相对和谐的街道空间，我们首先要点赞一个；在另一端的北立面，建筑师刻意追求的已不是低调，而是新建筑角色的转换，谋求的是一种与原来设计院新旧大楼的对应关系。一部不规则的条形楼梯自由随意地伸向庭院，好比是新建筑欲向老建筑打招呼的一条手臂，个性显露无遗。面朝着内部庭院的透明弧形玻璃和轻盈通透的楼层，则进一步确立了它和老建筑之间的一种对话关系，也使九层高的宝轻大楼突兀感多少有所削弱，新建筑使庭院的空间感比原来完整了，同时照顾到与街道和周围建筑的自然过渡。这是一笔精彩的补白，也是新建筑现代性的体现。现在那里是高端商务的集中展示场所。

再来回头看看我们文章开头说过的老房子。现在它位于宝庆路21号大院的最北端，无言地注视着一个世纪来的变化，不过它也以自身丰富的阅历赢得了我们的尊重。徐汇区文物管理部门的朋友告诉笔者：它占地面积175平方米，二层砖木结构，法式风格。房屋红瓦坡顶，深出檐，屋面有三处烟囱，檐下有椽木外露，东侧檐口作跌檐处理，外墙为灰色卵石覆面，墙脚部分装饰有毛石面块，立面窗楣及窗台采用弧面造型的白色水泥条块装饰。建筑东南部两层结构前出，其底层三面采用圆拱形门洞，上层设作内阳台。阳台水泥围栏上仍保留有绿釉镂空方砖组合的图案。房屋的两处后门皆与北侧弄道相通，那儿没有太多的变化。朋友还告诉我，该建筑曾于2008年进行过全面的维修和改造，室内作格子顶天花，原装的壁炉尚存，只是平面布局略有调整，现由上海轻工业设计院做贵宾楼使用。

2017年4月27日，上海市徐汇区文化局公布其为徐汇区文物保护点。不过要找到这处房子不能按图索骥，因为宝庆路21号现在是中国海诚工程科技股份有限公司的所在，

贵宾楼

那是一家上市公司。宝轻大厦的入口处已经移到了桃江路上，中国轻工业上海设计院工会职工技术协会等单位也从那儿进出。

如今当你走进宝庆路21号大院，环视周边，可数的有贵宾楼、老大楼、宝轻大楼和新大楼。新老建筑如同棋盘中的黑子与白子，相互交织在一起。看某一处，新建筑在老建筑的围合之中，但再往深处看，你会感觉到似乎它们正在进行着历史与当下的对话。也许我们的城市面貌就应该是这样新旧杂陈的，这种亲切自由的空间特征告诉我们，对于历史文化环境，新建筑应该以什么样的姿态介入，这也正在形成我们这一代人的集体共识。